大方廣佛華嚴經

일러두기

1. 『대방광불화엄경 강설』원문原文의 저본底本은 근세에 교정이 가장 잘 되었다고 정평이 나 있는 대만臺灣의 불타교육기금회佛陀敎育基金會에서 출판한 『화엄경소초華嚴經疏鈔』본입니다.

2. 『대방광불화엄경 강설』은 실차난타實叉難陀가 695년부터 699년까지 4년에 걸쳐 번역해 낸 80권본卷本 『대방광불화엄경』을 우리말로 옮기고 강설을 붙인 것입니다.

3. 『대방광불화엄경』은 애초 산스크리트에서 한역漢譯된 경전이지만 현재 산스크리트본은 소실된 상태입니다. 산스크리트를 음차한 경우 군이 원래 소리를 표기하려고 하기보다는 『표준국어대사전』이나 『불교사전』 등에 등재된 한자음을 사용하는 것을 원칙으로 하였습니다.

4. 경문의 한글 번역은 동국역경원본을 참고하여 그대로 또는 첨삭을 하며 의미대로 번역하고 다듬었습니다.

5. 각 품마다 내용에 따라 단락을 나누고 제목을 달았습니다. 단락의 제목은 주로 청량淸凉스님의 견해에 기초하였고 이통현李通玄장자의 견해를 참고로 하였습니다.

6. 『대방광불화엄경 강설』의 발행 순서는 한역 경전의 편재 순서를 기준으로 하였고 각 권은 단행본 한 권씩으로 출간될 예정이며 모두 80권으로 완간됩니다. 다만 80권본에 빠져 있는 「보현행원품」은 80권본 완역 및 강설 후 시리즈에 포함돼 추가될 예정입니다.

7. 『대방광불화엄경 강설』안에서 불교용어를 풀이한 것은 운허스님이 저술하고 동국역경원에서 편찬한 『불교사전』을 인용하였습니다.

8. 각주의 청량스님의 소疏는 대만에서 입력한 大方廣佛華嚴經 사이트의 것을 사용하였습니다.

9. 『대방광불화엄경 강설』입법계품에 들어가는 문수지남도는 북송北宋시대 불국佛國선사가 선재동자가 53명의 선지식을 친견하여 법을 구하는 장면을 하나하나 그림으로 그린 것입니다.

대방광불화엄경 강설
제 53 권

三十八. 이세간품離世間品 1

실차난타實叉難陀 한역
무비스님 강설

서문

구름 일듯 일어나는 이백 가지 질문에

병에서 쏟아붓듯 이천 가지 대답이여

운흥이백문雲興二百問에 병사이천답瓶瀉二千答이라.

무엇이 도솔천에 계시면서 짓는 업이며

어째서 도솔천궁에서 없어지며

어째서 태에 들어감을 나타냄이며

무엇이 미세한 길을 나타냄이며

어째서 처음 태어남을 나타냄입니까?

어째서 미소를 나타내며

어째서 일곱 걸음을 걸으며

어째서 동자의 지위를 나타내며

어째서 궁전에 있음을 나타내며

어째서 출가함을 나타냅니까?

어째서 고행함을 보이며

어떻게 도량에 나아가며

어떻게 도량에 앉으며

무엇이 도량에 앉았을 때의 특수한 모습이며

어떻게 마군을 항복받음을 보입니까?

무엇이 여래의 힘을 이룸이며

어떻게 법륜을 굴리며

어째서 법륜 굴림을 인하여 깨끗한 법[自淨法]을 얻음이며

어째서 여래 응공 정등각께서 열반에 드심을 보이십니까?

훌륭하신 불자시여,

이와 같은 법들을 원컨대 연설하여 주십시오.

2017년 1월 15일
신라 화엄종찰 금정산 범어사
如天 無比

5

대방광불화엄경 목차

대방광불화엄경 강설 제53권

三十八. 이세간품離世間品 1

대방광불화엄경 강설

제53권

三十八. 이세간품 1

이세간품離世間品은 화엄경 총 아홉 번의 법회 중에서 여덟 번째 법회다. 마갈제국摩竭提國 아란야阿蘭若 법法 보리도량의 보광명전普光明殿에서 한 품의 경전 7권을 설한 것이다. 그 내용은 십신과 십주와 십행과 십회향과 십지와 등각과 묘각의 법에 관해 보혜보살이 이백 가지 질문을 하고 그 하나하나의 질문에 보현보살이 각각 열 가지의 대답을 하는 것으로 불교의 수많은 용어를 화엄경의 안목으로 새롭게 설파하였다.

이와 같은 법문의 형식을 고인古人들은 '운흥이백문雲興二百問에 병사이천답甁瀉二千答'이라고 표현하였다. 또는 '현하이백문懸河二百問에 병사이천수甁瀉二千酬'라고도 한다. 마치 먼 하늘에서 구름이 뭉게뭉게 일어나서 하늘을 뒤덮듯이 이백 가지의 질문을 퍼부어 대니 병에서 물을 쏟아붓듯이 이천 가지의 답을 하는 것이다.

예컨대 그 첫 질문으로 "무엇이 보살마하살의 의지依支입니까?"라고 하였는데 "불자여, 보살마하살은 열 가지 의지가 있나니 무엇이 열인가. 이른바 보리심으로 의지를 삼나니 항상 잊지 않는 연고며, 선지식으로 의지를 삼나니 화합하여 한결같은 연고며, 착한 뿌리로 의지를 삼나니 닦아 모아 증장하는 연고며, 바라밀다로 의지를 삼나니 구족하게 수행하는 연고며, 일체 법으로 의지를 삼나니 구경에 벗어나는 연고며, 큰 서원으로 의지를 삼나니 보리를 증장케 하는 연고며, 모든 행으로 의지를 삼나니 다 성취하는 연고며, 일체 보살로 의지를 삼나니 지혜가 같은 연고며, 모든 부처님께 공양함으로 의지를 삼나니 믿는 마음이 청정한 연고며, 일체 여래로 의지를 삼나니 자비하신 아버지의 가르침과 같이 끊어지지 않는 연고이니라. 이것이 열 가지이니 만일 모든 보살이 이러한 법에 편안히 머물면 여래의 위없는 큰 지혜의 의지할 곳이 되느니라."라고 하였다.

과연 화엄경의 뜻에 부합하는 화엄경 식의 질문과 화엄경 식의 대답이다. 불교를 공부하는 사람으로서 무엇을 의지해야 하며, 무엇이 특별한 생각이며, 무엇을 실천해야 하며, 무엇이 선지식이며, 무엇이 정진이며, 무엇이 마음에 편안함이며, 무엇이 중생을 성취함이며, 무엇이 계행이며, 무엇이 스스로 수기받을 줄을 아는 것이며, 무엇이 보살에 들어가는 것인가 등 불교의 중요한 이백 가지 명제에 대해서 낱낱이 열 가지씩 답하였다. 어떤 명제들이 등장하며 어떤 답이 나올 것인지 실로 궁금하고 기대되는 이세간품이다.

　교학敎學상으로 이세간품을 신信 해解 행行 증證으로 과판科 判하면 법에 의탁하여 닦아 나아가서 행行을 성취하는 부분 [托法進修成行分]에 해당된다.

1. 서분序分

1) 기세간器世間이 원만함

이 시 세 존 재 마 갈 제 국 아 란 야 법 보 리 장
爾時에 **世尊**이 **在摩竭提國阿蘭若法菩提場**

중 보 광 명 전 좌 연 화 장 사 자 지 좌
中普光明殿하사 **坐蓮華藏獅子之座**하사

그때에 세존이 마갈제국摩竭提國 아란야阿蘭若 법法 보리
도량의 보광명전普光明殿 연화장 사자좌에 앉아 계셨습니다.

부처님이 성도하신 나라가 마갈제국이다. 이 마갈제국
아란야 법法 보리도량의 보광명전 연화장 사자좌에서 화엄
경 법회가 7처 9회 중에 세 번 열렸다. 제1회 보광명전에서
두 번째 법회인 여섯 품의 경이 설해졌고, 제2회 보광명전에
서 일곱 번째 법회인 열한 품의 경이 설해졌고, 제3회 보광명

전에서 여덟 번째 법회인 이 이세간품의 경이 설해졌다. 그러
므로 화엄경이 가장 많이 설해진 곳이 이 보광명전이다.

　화엄경이 설해진 곳이므로 기세간器世間이 원만하다고 한
다. 또 화엄경을 설하신 세존에 대해서는 지정각세간智正覺世
間이 원만하다고 하고, 법문을 듣는 대중인 보살 대중에 대
해서는 중생세간衆生世間이 원만하다고 한다. 이 모든 것에 대
해서는 역시 화엄경을 편찬하고 결집한 경가經家가 설하였다.

2) 지정각세간智正覺世間이 원만함

묘 오 개 만　　　이 행 영 절　　　달 무 상 법
妙悟皆滿하시며 **二行永絶**하시며 **達無相法**하시며

　미묘한 깨달음이 다 원만하시며, 두 가지 행을 영원
히 끊었으며, 모양 없는 법을 통달하였습니다.

　지정각세간인 세존의 수승한 공덕에 대해 경가가 설한 내
용이다. 먼저 세존은 미묘한 깨달음이 원만하다. 이것은 아
래에 열거할 공덕의 총체적인 내용이다. 모든 공덕은 깨달음

으로부터 이뤄지기 때문이다. 세상 일체 존재에 대해서 중생들은 모두가 이것과 저것이라는 치우친 견해에 떨어져 상대적으로 보아 대립하지만 깨달음이 원만한 세존은 일체 존재의 상대적인 상반된 것[二行]에 치우치지 않고 부정과 긍정을 대립하지 아니하며 다 수용한다. 고정된 모양이 없는 법을 깊이 통달하였다.

　주 어 불 주　　　　득 불 평 등　　　도 무 장 처
住於佛住하시며 **得佛平等**하시며 **到無障處**하시며

　부처님의 머무는 데 머무르며 부처님의 평등함을 얻어 장애가 없는 곳에 이르렀습니다.

　부처님은 당연히 부처님이 머물 곳에 머문다. 부처님이 어찌 중생이 머무는 곳에 머물겠는가. 깨달음을 성취한 모든 부처님은 그 법이 다 같이 평등하여 어디에도 장애가 없는 곳에 이르렀다.

불 가 전 법　　소 행 무 애
不可轉法에 **所行無礙**하시며

움직일 수 없는 법에 행함이 걸림이 없었습니다.

청량스님의 소疏에 "움직일 수 없는 법이란 일체 외도를
항복받는 공덕이다. 가르침과 깨달음을 다른 이는 움직일
수 없기 때문이다. 행함이 걸림이 없다는 것은 세간에 있으
면서 세간에 걸리지 않는 공덕이다. 이를테면 이쇠훼예칭기
고락利衰毁譽稱譏苦樂 등 여덟 가지 법이 능히 구속하지 못하는
까닭이다."[1]라고 하였다.

입 부 사 의　　　보 견 삼 세
立不思議하시며 **普見三世**하시며

헤아릴 수 없는 데 서서 세 세상을 두루 보십니다.

부처님의 정법에 안주한 공덕으로서 12분교에 편안히 머

---

1) 【不可轉法】, 即降伏一切外道功德 : 謂教證二道他不能動故. 【所行無礙】, 即
生在世間不爲世法所礙功德 : 謂利衰等八法不能拘故.

물면 다른 외도나 소승들은 생각할 수 없다. 또 삼세를 널리 보는 것은 수기授記의 공덕으로서 수기는 과거와 미래가 모두 현재와 같다.

신 항 충 변 일 체 국 토 　　지 항 명 달 일 체 제 법
身恒充徧一切國土하시며 **智恒明達一切諸法**
하시며

몸은 일체 국토에 항상 가득하고 지혜는 일체 모든 법을 밝게 통달하였습니다.

부처님의 몸이 일체 세계에 나아가서 수용하고 변화하는 공덕과 또 부처님에게는 지혜가 밝게 통달하여 일체 의혹이 다 끊어진 공덕이 있음을 밝혔다.

요 일 체 행 　　진 일 체 의 　　무 능 측 신 　　일
了一切行하시며 **盡一切疑**하시며 **無能測身**과 **一**

21

三十八. 이세간품離世間品 1

체보살등소구지　　도불무이구경피안
切菩薩等所求智_{하야} 到佛無二究竟彼岸_{하시며}

모든 행을 분명히 알고 모든 의심을 끊었으며, 측량
할 수 없는 몸과 일체 보살의 구하는 지혜가 평등하여
부처님의 둘이 없는 구경究竟의 저 언덕에 이르렀습니다.

부처님은 일체 행을 알아서 모든 의심이 다하였으며, 측
량할 수 없는 몸이 있으며, 둘이 없는 구경究竟의 저 언덕에 이
르렀다.

구족여래평등해탈　　증무중변불평등지
具足如來平等解脫_{하시며} 證無中邊佛平等地

진어법계　　등허공계
_{하시며} 盡於法界_{하시며} 等虛空界_{하시니라}

여래의 평등한 해탈을 갖추고 가운데와 언저리[中邊]
가 없는 부처님의 평등한 경지를 증득하였으므로 법계
를 다하며 허공계와 같았습니다.

부처님은 여래의 평등한 해탈을 갖추었으므로 가운데도 없고 언저리도 없는 진정한 중도의 자리에 있다. 일체 부처님의 평등한 경지를 증득하여 그대로가 일체 법계며 그대로가 일체 허공계다. 지정각세간이 원만한 세존을 간략히 설하였다.

3) 중생세간衆生世間이 원만함

(1) 모인 대중들의 수와 덕의 찬탄

여 불 가 설 백 천 억 나 유 타 불 찰 미 진 수 보 살 마
與不可說百千億那由他佛剎微塵數菩薩摩

하 살　　구
訶薩로 **俱**하시니

말할 수 없는 백천억 나유타 세계의 미진수 보살마하살과 함께 계셨습니다.

중생세간이 원만함이란 곧 보살들의 경지를 밝힌 것이다. 기세간과 지정각세간에 이어서 중생세간이 원만함을

설하는데 먼저 그 수효를 말하고 다음으로 그 덕을 찬탄
하였다.

개 일 생   당 득 아 뇩 다 라 삼 먁 삼 보 리
皆一生에 **當得阿耨多羅三藐三菩提**라

모두 한 생에 아뇩다라삼먁삼보리를 이룰 이들이었
습니다.

이 법회에 모인 보살 대중은 다음 생을 미루지 않고 곧 금
생에 무상정각을 이룰 수행이 쌓여서 가장 높은 경지에 이른
보살들이다.

각 종 타 방 종 종 국 토   이 공 래 집   실 구 보
各從他方種種國土하야 **而共來集**호대 **悉具菩**

살 방 편 지 혜
薩方便智慧하니

각각 다른 지방의 갖가지 국토로부터 와서 모이었

으며, 모두 보살의 방편과 지혜를 갖추었습니다.

이 법회에 모인 무수한 보살들은 모두 다른 지방의 갖가지 국토로부터 왔으며, 보살이 갖춰야 할 방편과 지혜를 다 갖춘 이들이다.

소위 선 능 관 찰 일 체 중 생   이 방 편 력   영
所謂善能観察一切衆生하야 **以方便力**으로 **令**

기 조 복   주 보 살 법
其調伏하야 **住菩薩法**하며

이른바 일체 중생을 잘 관찰하고 방편의 힘으로 그들을 조복해서 보살의 법에 머물게 하였습니다.

이 법회에 모인 보살 대중은 일체 중생의 근기를 잘 살펴서 적절한 방편의 힘으로 중생을 모두 잘 조복해서 보살의 법에 머물게 한다. 즉 일체 중생을 잘 교화하고 조복하여 보살로 만드는 이들이다. 모든 중생을 잘 교화하여 보살로 만드는 것은 모든 부처님의 꿈이며 모든 보살의 희망이다.

선 능 관 찰 일 체 세 계　　이 방 편 력　　보 개 왕
善能觀察一切世界하야 **以方便力**으로 **普皆往**

예
詣하며

일체 세계를 잘 관찰하고 방편의 힘으로 널리 다 나
아갔습니다.

이 법회에 모인 무수한 보살들은 어떤 세계든지 중생 교
화를 위해서 가지 않는 곳이 없다.

선 능 관 찰 열 반 경 계　　사 유 주 량　　영 리 일
善能觀察涅槃境界하야 **思惟籌量**하야 **永離一**

체 회 론 분 별　　이 수 묘 행　　무 유 간 단
切戲論分別하고 **而修妙行**하야 **無有間斷**하며

열반의 경계를 잘 관찰하여 생각하고 헤아리며, 일
체 부질없는 말과 분별을 아주 떠나서 묘한 행을 닦아
서 끊어짐이 없습니다.

보살들은 또 진정한 열반을 잘 알아서 일체 부질없는 말과 분별을 아주 떠났으나 중생을 교화하는 묘한 행을 부지런히 닦아 끝날 날이 없다. 번뇌가 사라지고 육신마저 끝나버린 그런 열반이 아니다. 왕성한 보살행을 펼치는 것이 진정한 열반이다.

선 능 섭 수 일 체 중 생　　선 입 무 량 제 방 편 법
善能攝受一切衆生하며 **善入無量諸方便法**하며

일체 중생을 잘 거두어 주고 한량없는 모든 방편의 법에 잘 들어갔습니다.

불교가 하고자 하는 일은 보살행으로 한량없는 방편을 동원하여 일체 중생을 잘 섭수하고 교화하여 고통은 멀리 떠나고 즐거움과 편안함은 마음껏 누리게 하는 것이다.

지 제 중 생　　공 무 소 유　　이 불 괴 업 과
知諸衆生이 **空無所有**호대 **而不壞業果**하며

모든 중생이 공하여 아무것도 없는 줄을 알면서도 업과 과보를 깨뜨리지 아니합니다.

참사람인 중생은 본래로 텅 비어 공하며 본래로 부처님이지만 또한 오온의 중생에게는 업도 있고 업에 의한 과보도 있다. 예컨대 이것은 물과 물결의 관계와 같다. 이러한 사실을 보살들은 잘 알고 있다.

선 지 중 생   심 사 제 근   경 계 방 편   종 종 차 별
善知衆生의 **心使諸根**과 **境界方便**의 **種種差別**
하며

중생들의 마음과 여러 근根과 경계와 방편이 갖가지로 차별함을 잘 아십니다.

이 법회에 모인 보살 대중은 중생들의 마음과 근根과 경계와 방편이 갖가지로 차별함을 잘 알아서 중생 교화에 아무런 불편함이 없다.

실능수지삼세불법　　자득해료　　부위타
悉能受持三世佛法하야 自得解了하고 復爲他

설
說하며

세 세상의 불법을 잘 받들어 가지며 스스로 이해하고 다시 다른 이에게 말씀하십니다.

이 법회에 모인 보살 대중은 또 과거 현재 미래의 부처님 법을 잘 받들어 가져서 스스로 잘 이해하고 다시 다른 이에게 잘 설한다.

어세출세무량제법　　개선안주　　지기진실
於世出世無量諸法에 皆善安住하야 知其眞實하며

세간과 출세간의 한량없는 모든 법에 잘 머물러서 그 진실을 아십니다.

이 법회에 모인 보살들은 세간의 법과 출세간의 법을 모두 잘 알아서 그 법에 편안히 머물러 일체 법의 실상을 잘 안다.

어 유 위 무 위 일 체 제 법　　실 선 관 찰　　　지 무 유
於有爲無爲一切諸法에 **悉善觀察**하야 **知無有**

이
二하며

　함이 있고 함이 없는 일체 모든 법을 모두 잘 관찰
하여 둘이 아님을 알았습니다.

　유위법이나 무위법이나 세간법이나 출세간법이나 그 실
상을 잘 알면 일체 법이 둘이 아니고 상대적인 법이 아님을
안다.

　　어 일 념 중　　실 능 획 득 삼 세 제 불 소 유 지 혜
　於一念中에 **悉能獲得三世諸佛所有智慧**하며

　잠깐 동안에 세 세상 모든 부처님들의 가지신 지혜
를 모두 다 얻었습니다.

　이 법회에 모인 보살들은 짧은 한순간에 과거 현재 미래
의 모든 부처님이 소유하신 지혜를 다 얻었다.

어 염 념 중   실 능 시 현 성 등 정 각   영 일 체 중
於念念中에 **悉能示現成等正覺**하야 **令一切衆**

생   발 심 성 도
生으로 **發心成道**하며

잠깐잠깐마다 다 등정각等正覺을 성취하는 것을 보여
서 모든 중생으로 하여금 마음을 내어 도를 이루게 하
였습니다.

이 법회에 모인 보살들은 순간순간마다 등정각 이룸을
보여서 일체 중생에게 발심하여 도를 이루게 한다.

어 일 중 생 심 지 소 연   실 지 일 체 중 생 경 계
於一衆生心之所緣에 **悉知一切衆生境界**하며

한 중생이 마음으로 반연하는 데서 일체 중생의 경
계를 다 아십니다.

이 법회에 모인 보살 대중은 한 중생이 마음으로 반연하
는 데서 일체 중생의 경계를 다 안다. 중생들의 마음 씀씀이

란 오온으로 작용하고 생각하여 감정을 일으키는 것 외에 달리 무엇이 있겠는가. 모든 중생이 다 이와 같다.

수 입 여 래 일 체 지 지   이 불 사 보 살 행
雖入如來一切智地나 **而不捨菩薩行**하며

비록 여래의 일체 지혜의 경지에 들어갔지마는 보살의 행을 버리지 아니하십니다.

여래의 일체 지혜의 경지에 들어가야 보살행을 할 수 있다. 진정으로 보살행을 할 수 있는 것은 곧 일체 지혜의 경지에 들어갔다는 뜻이다.

제 소 작 업   지 혜 방 편   이 무 소 작
諸所作業이 **智慧方便**으로 **而無所作**하며

여러 가지 짓는 업은 지혜와 방편이므로 짓는 일이 없습니다.

이 법회에 모인 무수한 보살은 지혜와 방편으로 업을 지으므로 지어도 짓는 바가 없다.

위 일 일 중 생　　주 무 량 겁　　이 어 아 승 지 겁

爲一一衆生하야 **住無量劫**호대 **而於阿僧祇劫**에

난 가 치 우

難可値遇며

낱낱 중생을 위하여 한량없는 겁劫에 머물지마는 아승지 겁에도 만날 수 없습니다.

보살들은 낱낱 중생을 위하여 한량없는 겁에 머물지만 중생들이 진정으로 보살을 만난다는 것은 백천만 겁에도 어렵다. 그동안 한 번만이라도 부처님을 만나거나 보살을 만났더라면 이미 이 법회 보살들의 숫자에 들어가 있으리라.

전 정 법 륜　　조 복 중 생　　개 부 당 연

轉正法輪하야 **調伏衆生**하야 **皆不唐捐**하며

바른 법륜을 굴리어 중생을 조복함이 모두 헛되지
아니합니다.

　　이 법회의 보살들은 언제나 바른 법륜을 굴리어 중생들
을 조복하여 헛되지 않다.

　　　삼 세 제 불 청 정 행 원　　실 이 구 족
　　三世諸佛清淨行願을 悉已具足하야

　　세 세상 모든 부처님의 청정한 행行과 원願을 모두 구
족하였습니다.

　　이 법회의 모든 보살은 과거 현재 미래의 모든 부처님의
훌륭한 행과 원을 하나도 빠짐없이 모두 갖추었다.

　　　성 취 여 시 무 량 공 덕　　일 체 여 래　　어 무 변 겁
　　成就如是無量功德하니 一切如來가 於無邊劫

　　설 불 가 진
에 說不可盡이러라

이와 같은 한량없는 공덕을 성취한 것은 모든 여래
가 그지없는 겁 동안 말하여도 다할 수 없습니다.

보살들은 이와 같은 한량없는 공덕을 모두 갖추어서 그
공덕을 일체 여래가 한량없는 세월 동안 설명하려 해도 다하
지 못한다. 이 법회에 모인 보살들의 덕을 찬탄하여 마쳤다.

(2) 모인 대중들의 이름과 덕의 찬탄

기 명 왈 보현보살   보안보살   보화보살   보
其名曰普賢菩薩과 **普眼菩薩**과 **普化菩薩**과 **普**

혜 보 살   보 견 보 살   보 광 보 살   보 관 보 살   보
慧菩薩과 **普見菩薩**과 **普光菩薩**과 **普觀菩薩**과 **普**

조 보 살   보 당 보 살   보 각 보 살
照菩薩과 **普幢菩薩**과 **普覺菩薩**이니라

그들의 이름은 보현普賢보살과 보안普眼보살과 보화普
化보살과 보혜普慧보살과 보견普見보살과 보광普光보살과
보관普觀보살과 보조普照보살과 보당普幢보살과 보각普覺보
살이었습니다.

이 법회에 모인 열 곱절의 말할 수 없는 백천억 나유타 세계의 미진수 보살마하살 중에 그 대표가 되는 열 명의 보살 이름을 밝혔다.

여 시 등 십 불 가 설 백 천 억 나 유 타 불 찰 미 진 수
如是等十不可說百千億那由他佛刹微塵數가

개 실 성 취 보 현 행 원　　심 심 대 원　　개 이 원 만
皆悉成就普賢行願하야 **深心大願**이 **皆已圓滿**하며

이와 같은 등 열 곱절 말할 수 없는 백천억 나유타 세계의 미진수 보살이 모두 보현의 행과 원을 성취하였으니, 깊은 마음과 큰 서원을 이미 다 원만히 하였습니다.

그 무수한 보살들이 갖춘 덕에 대해서는 이름을 열거하기 전에 이미 밝혔으나 다시 또 요약하여 그 덕을 찬탄한다. 전체적으로 밝히면 보현보살의 행과 원이다. 보현보살의 행과 원은 무수히 많으나 그 근본이 되는 것은 보현행원품에서 열거한 십대행원十大行願[2]이다. 무량하고 무수한 보현의 행과 원을 이 법회에 모인 보살들은 이미 다 원만히 하였다.

대방광불화엄경 강설

일 체 제 불 출 홍 세 처　　실 능 왕 예　　청 전 법 륜
一切諸佛出興世處에 **悉能往詣**하야 **請轉法輪**
하며

일체 모든 부처님이 세상에 출현하는 곳에 다 나아
가서 법륜 굴리기를 청하였습니다.

보현보살의 십대행원에도 나타나 있는 내용이다. 부처님
이 출현하시거나 보살과 선지식이 출현하시거나 아니면 누
구라도 항상 그 앞에 나아가서 법을 설해 주기를 청하는 것
이다.

선 능 수 지 제 불 법 안　　부 단 일 체 제 불 종 성
善能受持諸佛法眼하며 **不斷一切諸佛種性**하며

모든 부처님의 법의 안목을 잘 받아 가지어 일체 모

---

2) 보현보살의 십대행원. ① 모든 부처님께 예경하다 ② 모든 여래를 찬탄하다
③ 널리 공양을 수행하다 ④ 모든 업장을 참회하다 ⑤ 남의 공덕을 따라 기뻐
하다 ⑥ 법륜 굴리기를 청하다 ⑦ 부처님이 세상에 오래 머무시기를 청하다 ⑧
항상 부처님을 따라 배우다 ⑨ 항상 중생들을 수순하다 ⑩ 널리 다 회향하다.

든 부처님의 종자種子 성품을 끊지 않습니다.

　모든 부처님의 종성種性을 이어받아 영원히 이어 가게 하려면 먼저 부처님의 법의 안목을 받아 가져야 한다. 법의 안목이 곧 부처님의 종성이다. 여기 모인 무수한 보살들은 부처님의 종성을 이어 가는 이들이다.

　　　　선 지 일 체 제 불 흥 세 수 기 차 제　　명 호 국 토
　　　善知一切諸佛興世授記次第와 名號國土하며

　성 등 정 각　　전 어 법 륜
　成等正覺하야 轉於法輪하며

　일체 모든 부처님이 세상에 출현하심과 수기하는 차례와 이름과 국토와 평등한 바른 깨달음을 이루심과 법륜 굴리심을 잘 압니다.

　이 법회에 모인 무수한 보살들은 부처님이 출현하심과 수기하는 차례와 이름과 국토와 평등한 바른 깨달음 이루심과 법륜 굴리심을 하나도 빠짐없이 다 잘 안다. 이와 같이

먼저 부처님에 대해서 잘 아는 것이 우선이다.

무불세계　현신성불　능령일체잡염중생
無佛世界에 **現身成佛**하야 **能令一切雜染衆生**

개실청정
으로 **皆悉淸淨**하며

부처님이 없는 세계에서 몸을 나타내어 부처를 이루며, 모든 물든 중생을 다 청정하게 합니다.

여기 모인 보살들은 만약 부처님이 없는 세상이라면 스스로 몸을 나타내어 부처를 이루어서 모든 잡되고 물든 중생들에게 법을 설하여 그들을 다 청정케 한다.

능멸일체보살업장　입어무애청정법계
能滅一切菩薩業障하며 **入於無礙淸淨法界**하니라

모든 보살의 업과 장애를 능히 없애고 걸림 없이 청정한 법계에 들어갔습니다.

이 보살들은 일체 업장을 다 소멸하고 걸림 없이 청정한 법계에 들어갔다. 그래서 서원의 힘으로 청정한 법계에 있으면서 다시 세상에 출현하여 업의 몸을 나타내고 중생을 교화한다.

2. 보현普賢보살이 삼매에 들다

이시 보현보살마하살 입광대삼매 명
爾時에 普賢菩薩摩訶薩이 入廣大三昧하시니 名

불화장엄 입차삼매시 시방소유일체세계
佛華莊嚴이라 入此三昧時에 十方所有一切世界가

육종십팔상동 출대음성 미불개문 연
六種十八相動하야 出大音聲하니 靡不皆聞이라 然

후 종기삼매이기
後에 從其三昧而起하시니라

그때에 보현보살마하살이 넓고 큰 삼매에 들었으니
이름이 불화장엄佛華莊嚴입니다. 이 삼매에 들었을 때에
시방에 있는 모든 세계가 여섯 가지 열여덟 모양으로
진동하며 큰 소리를 내는 것을 듣지 못하는 이가 없었
습니다. 그런 뒤에 그 삼매에서 일어났습니다.

지금까지는 경가가 여러 가지 상황을 설명하였다. 이제 보현보살이 이세간 법문을 설하기 위해서 불화장엄佛華莊嚴이라는 삼매에 들어가니 일체 세계가 6종 18상으로 진동하는 것을 보였다. 진동이 있은 뒤에 보현보살은 삼매에서 일어났다. 이와 같은 진동은 희유하고 특별한 법문이 있기 전이나 또는 법문이 끝난 뒤에 일어나는 현상이다.

육종진동六種震動 또는 육종십팔상六種十八相이라고 하는데, 흔들흔들하고 두루 흔들흔들하고 널리 두루 흔들흔들하며, 들먹들먹하고 두루 들먹들먹하고 널리 두루 들먹들먹하며, 울쑥불쑥하고 두루 울쑥불쑥하고 널리 두루 울쑥불쑥하며, 우르르하고 두루 우르르하고 널리 두루 우르르하며, 와르르하고 두루 와르르하고 널리 두루 와르르하며, 와지끈하고 두루 와지끈하고 널리 두루 와지끈하는 것이다. [3]

---

3) 動과 徧動과 等徧動과 起와 徧起와 等徧起와 踊과 徧踊과 等徧踊과 震과 徧震과 等徧震과 吼와 徧吼와 等徧吼와 擊과 徧擊과 等徧擊이라

3. 보혜普慧보살이 보현보살에게
이백 가지 법을 묻다

1) 십신행법+信行法의 20문問

이 시   보 혜 보 살   지 중 이 집   문 보 현 보 살
爾時에 **普慧菩薩**이 **知衆已集**하고 **問普賢菩薩**

언
言하사대

그때에 보혜보살이 대중들이 이미 다 모인 줄을 알
고 보현보살에게 물었습니다.

보혜보살이 보현보살에게 질문한 이백 가지 법을 고인
古人들은 십신행법+信行法에 20문問, 십주행법+住行法에 20문,
십행행법+行行法에 30문, 십회향행법+廻向行法에 29문, 십지행

법十地行法에 50문, 인원구경행법因圓究竟行法의 등각위等覺位에 32문, 과용원만행법果用圓滿行法의 묘각위妙覺位에 19문으로 모두 52위 보살수행의 지위 점차에 배대하였다.

먼저 십신행법의 20문을 들었다. 십신十信은 십주품이나 십행품이나 십회향품처럼 십신품이 따로 있는 것은 아니다. 그러나 이 십신 법문에 해당하는 것으로는 여래명호품과 사성제품과 광명각품과 보살문명품과 정행품과 현수품 등 여섯 품의 법문이 있다. 특히 현수품은 신심에 대한 법을 설한 것으로 중요한 내용이 많다.

십신은 보살이 수행하는 계위階位 52위 가운데 처음의 10위位로서 부처님의 교법을 믿어 의심이 없는 지위이다. 신심信心·염심念心·정진심精進心·혜심慧心·정심定心·불퇴심不退心·호법심護法心·회향심廻向心·계심戒心·원심願心을 들고 있다.

불자   원위연설   하등   위보살마하살
佛子야 願爲演說하소서 何等이 爲菩薩摩訶薩

의　하등　위기특상　　하등　위행　　하등이
依며 何等이 爲奇特想이며 何等이 爲行이며 何等이

위선지식　　하등　위근정진
爲善知識이며 何等이 爲勤精進이며

　"불자여, 바라건대 말씀하소서. 무엇이 보살마하살의 의지依支이며, 무엇이 기특한 생각이며, 무엇이 행行이며, 무엇이 선지식이며, 무엇이 부지런한 정진입니까?"

　먼저 보살마하살의 의지와, 기특한 생각과, 행行과, 선지식과, 부지런한 정진 등 다섯 가지에 대해서 생각해 본다.

　하등　위심득안은　　하등　위성취중생
何等이 爲心得安隱이며 何等이 爲成就衆生이며

하등　위계　하등　위자지수기　하등　위입
何等이 爲戒며 何等이 爲自知受記며 何等이 爲入

보살
菩薩이며

　"무엇이 마음이 편안함이며, 무엇이 중생을 성취함이며, 무엇이 계행이며, 무엇이 스스로 수기받음을 아는 것이며, 무엇이 보살에 들어감입니까?"

何等이 爲入如來며 何等이 爲入衆生心行이며

何等이 爲入世界며 何等이 爲入劫이며 何等이 爲說

三世며

"무엇이 여래에 들어감이며, 무엇이 중생의 마음의
행에 들어감이며, 무엇이 세계에 들어감이며, 무엇이 겁
에 들어감이며, 무엇이 세 세상을 말함입니까?"

何等이 爲知三世며 何等이 爲發無疲厭心이며

何等이 爲差別智며 何等이 爲陀羅尼며 何等이 爲

演說佛이닛고

"무엇이 세 세상을 앎이며, 무엇이 고달프지 않은 마음을 냄이며, 무엇이 차별한 지혜이며, 무엇이 다라니이며, 무엇이 부처님을 말함입니까?"

여기까지 20종의 행문이 곧 십신행법의 20종 질문에 대한 내용이다. 여기에 등장하는 명제들이 반드시 믿음에 대한 것은 아니지만 믿음의 차원에서 살펴본 것이라고 생각하면 될 것이다.

2) 십주행법十住行法의 20문

何^하等^등이 爲^위發^발普^보賢^현心^심이며 何^하等^등이 爲^위普^보賢^현行^행法^법이며

以^이何^하等^등故^고로 而^이起^기大^대悲^비며 何^하等^등이 爲^위發^발菩^보提^리心^심因^인緣^연

이며 何^하等^등이 爲^위於^어善^선知^지識^식에 起^기尊^존重^중心^심이며

"무엇이 보현의 마음을 냄이며, 무엇이 보현의 행하

는 법이며, 무슨 연고로 큰 자비를 일으키며, 무엇이 보리심을 내는 인연이며, 무엇이 선지식에게 존중한 마음을 일으킴입니까?"

여기서부터 십주행법十住行法의 20문에 해당한다. 십주十住란 보살이 수행하는 계위인 52위 가운데 제11위에서 제20위까지를 말한다. 10신위信位를 지나서 마음이 진제眞諦의 이치에 안주安住하는 위치에 이르렀다는 뜻으로 주住라고 한다. 발심주發心住·치지주治地住·수행주修行住·생귀주生貴住·구족방편주具足方便住·정심주正心住·불퇴주不退住·동진주童眞住·법왕자주法王子住·관정주灌頂住이다.

하등   위청정   하등   위제바라밀   하등
何等이 爲淸淨이며 何等이 爲諸波羅蜜이며 何等

위지수각   하등 위증지   하등   위력
이 爲智隨覺이며 何等이 爲證知며 何等이 爲力이며

"무엇이 청정함이며, 무엇이 모든 바라밀다며, 무엇이 지혜가 따라 깨달음이며, 무엇이 증득하여 아는 것

이며, 무엇이 힘입니까?"

何_等이 爲平等이며 何_等이 爲佛法實義句며 何

等이 爲說法이며 何_等이 爲持며 何_等이 爲辯才며

"무엇이 평등이며, 무엇이 불법佛法의 진실한 뜻의 구
절이며, 무엇이 법을 말함이며, 무엇이 지님[持]이며, 무
엇이 변재입니까?"

何_等이 爲自在며 何_等이 爲無着性이며 何_等이 爲

平等心이며 何_等이 爲出生智慧며 何_等이 爲變化닛고

"무엇이 자유자재며, 무엇이 집착 없는 성품이며, 무
엇이 평등한 마음이며, 무엇이 지혜를 냄이며, 무엇이
변화입니까?"

십주행법에 대한 20가지 질문을 들었다. 위의 20가지 질문이 반드시 십주법문에만 해당되는 것은 아니지만 불법의 중요한 명제를 열거하고 하나하나의 명제에 대해 뒤에서 다시 열 가지씩 풀어서 밝혀 나간다.

3) 십행행법+行行法의 30문

何等이 爲力持며 何等이 爲得大欣慰며 何等이
하등 위력지 하등 위득대흔위 하등

爲深入佛法이며 何等이 爲依止며 何等이 爲發無畏
위심입불법 하등 위의지 하등 위발무외

心이며
심

"무엇이 힘으로 지님이며, 무엇이 큰 위안을 얻음이며, 무엇이 불법에 깊이 들어감이며, 무엇이 의지함이며, 무엇이 두려움 없는 마음을 냄입니까?"

이백 가지 질문 중에 여기서부터는 십행행법+行行法의 30

문에 해당한다. 십행十行이란 보살이 수행하는 계위를 52위로 설정한 것 중에서 십신十信·십주十住에서 나아가 묘각妙覺에 이르는 한 계위의 이름이다. 보살이 십주위十住位의 나중에서 불자佛子라는 인가를 얻은 뒤에 다시 나아가 이타利他의 수행을 완수하기 위하여 중생 제도에 노력하는 지위를 열 가지로 나눈 것이다. 그 이름은 환희행歡喜行·요익행饒益行·무위역행無違逆行·무굴요행無屈撓行·이치란행離癡亂行·선현행善現行·무착행無着行·난득행難得行·선법행善法行·진실행眞實行이다.

하등   위발무의혹심   하등   위부사의
何等이   爲發無疑惑心이며 何等이   爲不思議며

하등   위교밀어   하등   위교분별지   하등
何等이   爲巧密語며   何等이   爲巧分別智며   何等이

위입삼매
爲入三昧며

"무엇이 의혹 없는 마음을 냄이며, 무엇이 부사의며, 무엇이 교묘하고 비밀한 말이며, 무엇이 교묘하게 분별

하는 지혜며, 무엇이 삼매에 들어감입니까?"

何等이 爲偏入이며 何等이 爲解脫門이며 何等이
爲神通이며 何等이 爲明이며 何等이 爲解脫이며

"무엇이 두루 들어감이며, 무엇이 해탈의 문이며, 무엇이 신통이며, 무엇이 밝음이며, 무엇이 해탈입니까?"

何等이 爲園林이며 何等이 爲宮殿이며 何等이 爲
所樂이며 何等이 爲莊嚴이며 何等이 爲發不動心이며

"무엇이 동산의 숲이며, 무엇이 궁전이며, 무엇이 즐기는 것이며, 무엇이 장엄이며, 무엇이 동하지 않는 마음을 냄입니까?"

何等이 爲不捨深大心이며 何等이 爲觀察이며 何
等이 爲說法이며 何等이 爲淸淨이며 何等이 爲印이며

"무엇이 깊고 큰 마음을 버리지 않음이며, 무엇이 관찰함이며, 무엇이 법을 말함이며, 무엇이 청정이며, 무엇이 인印입니까?"

何等이 爲智光照며 何等이 爲無等住며 何等이
爲無下劣心이며 何等이 爲如山增上心이며 何等이
爲入無上菩提如海智닛고

"무엇이 지혜 광명이 비침이며, 무엇이 같을 이 없이 머무름이며, 무엇이 못났다는 생각이 없는 마음이며, 무엇이 산처럼 더 올라가는 마음이며, 무엇이 위없는 보리에 들어가는 바다 같은 지혜입니까?"

여기까지의 30가지 질문이 십행행법에 해당한다. 비슷한
뜻을 가진 명제들이 중복이 되지만 같은 명제라도 수행의 차
원을 달리해서 다르게 묻고 다르게 해석한다.

4) 십회향행법＋廻向行法의 29문

何等_이 爲如寶住_며 何等_이 爲發如金剛大乘誓

願心_{이며} 何等_이 爲大發起_며 何等_이 爲究竟大事_며

何等_이 爲不壞信_{이며}

"무엇이 보배처럼 머무름이며, 무엇이 금강 같은 대
승의 서원하는 마음을 냄이며, 무엇이 크게 발기發起함
이며, 무엇이 구경의 큰 일이며, 무엇이 무너지지 않는
믿음입니까?"

이백 가지 질문 중에 여기서부터는 십회향행법＋廻向行法의

29문이다. 십회향十廻向이란 보살이 수행하는 계위인 52위 가운데 제31위에서 제40위까지이다. 십행위를 마치고 지금 까지 닦은 자리自利·이타利他의 여러 가지 행을 일체 중생을 위하여 돌려 주는 동시에 이 공덕으로 불과를 향해 나아가 깨달음의 경계에 도달하려는 지위이다. 그 이름은 구호일체 중생이중생상회향救護一切衆生離衆生相廻向·불괴회향不壞廻向· 등일체제불회향等一切諸佛廻向·지일체처회향至一切處廻向·무 진공덕장회향無盡功德藏廻向·입일체평등선근회향入一切平等善根 廻向·등수순일체중생회향等隨順一切衆生廻向·진여상회향眞如 相廻向·무박무착해탈회향無縛無着解脫廻向·입법계무량회향入 法界無量廻向이다.

　　하등　　위수기　　하등　　위선근회향　　하등
何等이 爲授記며 何等이 爲善根廻向이며 何等이

위득지혜　　하등　　위발무변광대심　　하등　위
爲得智慧며 何等이 爲發無邊廣大心이며 何等이 爲

복장
伏藏이며

"무엇이 수기授記이며, 무엇이 착한 뿌리를 회향함이며, 무엇이 지혜를 얻음이며, 무엇이 그지없이 광대한 마음을 냄이며, 무엇이 묻힌 갈무리[伏藏]입니까?"

何等이 爲律儀며 何等이 爲自在며 何等이 爲無礙用이며 何等이 爲衆生無礙用이며 何等이 爲刹無礙用이며

"무엇이 계율과 위의威儀며, 무엇이 자재함이며, 무엇이 걸림 없는 작용이며, 무엇이 중생의 걸림 없는 작용이며, 무엇이 세계의 걸림 없는 작용입니까?"

何等이 爲法無礙用이며 何等이 爲身無礙用이며 何等이 爲願無礙用이며 何等이 爲境界無礙用이며

하등　위지무애용
何等이 爲智無礙用이며

　"무엇이 법의 걸림 없는 작용이며, 무엇이 몸의 걸림 없는 작용이며, 무엇이 소원의 걸림 없는 작용이며, 무엇이 경계의 걸림 없는 작용이며, 무엇이 지혜의 걸림 없는 작용입니까?"

하등　위신통무애용　　하등　위신력무애
何等이 爲神通無礙用이며 何等이 爲神力無礙

용　　하등　위력무애용　　하등　위유희　하
用이며 何等이 爲力無礙用이며 何等이 爲遊戲며 何

등　위경계
等이 爲境界며

　"무엇이 신통의 걸림 없는 작용이며, 무엇이 신력의 걸림 없는 작용이며, 무엇이 힘의 걸림 없는 작용이며, 무엇이 유희며, 무엇이 경계입니까?"

何等_이 爲力_{이며} 何等_이 爲無畏_며 何等_이 爲不共

法_{이며} 何等_이 爲業_{이며} 何等_이 爲身_{이닛고}

"무엇이 힘이며, 무엇이 두려움 없음이며, 무엇이 함께하지 않는 법이며, 무엇이 업이며, 무엇이 몸입니까?"

여기까지가 십회향행법의 29문이다. 그런데 30문이 되는 것은 무슨 까닭인가. "무엇이 몸입니까?"가 십지행법의 50문에서 바로 다시 나오기 때문인가.

5) 십지행법+地行法의 50문

何等_이 爲身業_{이며} 何等_이 爲身_{이며} 何等_이 爲語

_며 何等_이 爲淨修語業_{이며} 何等_이 爲得守護_며

"무엇이 몸의 업이며, 무엇이 몸이며, 무엇이 말이며, 무엇이 말의 업을 깨끗이 닦음이며, 무엇이 수호함을 얻음입니까?"

이백 가지 질문 중에 여기서부터는 십지행법十地行法의 50문이다. 십지十地란 보살이 수행하는 계위인 52위 중 제41위에서 제50위까지이다. 이 십지위는 불지佛智를 생성하고, 능히 주지住持하여 움직이지 아니하며, 온갖 중생을 짊어지고 교화·이익하게 하는 것이 마치 대지大地가 만물을 싣고 이를 윤익潤益하게 함과 같으므로 지地라 이름한다. 환희지歡喜地·이구지離垢地·발광지發光地·염혜지焰慧地·난승지難勝地·현전지現前智·원행지遠行智·부동지不動地·선혜지善慧地·법운지法雲地이다.

하등 위성판대사 하등 위심 하등 위
何等이 爲成辦大事며 何等이 爲心이며 何等이 爲

발심 하등 위주변심 하등 위제근
發心이며 何等이 爲周徧心이며 何等이 爲諸根이며

"무엇이 큰 일을 마련함이며, 무엇이 마음이며, 무엇이 마음을 냄이며, 무엇이 두루 한 마음이며, 무엇이 여러 모든 근根입니까?"

하등   위심심   하등   위증상심심   하등
何等이 爲深心이며 何等이 爲增上深心이며 何等

위근수   하등   위결정해   하등   위결정해
이 爲勤修며 何等이 爲決定解며 何等이 爲決定解

입세계
入世界며

"무엇이 깊은 마음이며, 무엇이 더 느는 깊은 마음이며, 무엇이 부지런히 닦음이며, 무엇이 결정한 지혜며, 무엇이 결정한 지혜로 세계에 들어감입니까?"

하등   위결정해입중생계   하등   위습기
何等이 爲決定解入衆生界며 何等이 爲習氣며

하등   위취   하등   위수   하등   위성취불법
何等이 爲取며 何等이 爲修며 何等이 爲成就佛法이며

"무엇이 결정한 지혜로 중생계에 들어감이며, 무엇이 익힌 버릇이며, 무엇이 가짐[取]이며, 무엇이 닦음이며, 무엇이 불법을 성취함입니까?"

何等이 爲退失佛法道며 何等이 爲離生道며 何等이 爲決定法이며 何等이 爲出生佛法道며 何等이 爲大丈夫名號며

"무엇이 불법의 길에서 물러남이며, 무엇이 생사를 떠나는 길이며, 무엇이 결정한 법이며, 무엇이 불법을 내는 길이며, 무엇이 대장부의 이름입니까?"

何等이 爲道며 何等이 爲無量道며 何等이 爲助道며 何等이 爲修道며 何等이 爲莊嚴道며

"무엇이 도道이며, 무엇이 한량없는 도이며, 무엇이 도를 도움이며, 무엇이 도를 닦음이며, 무엇이 도를 장엄함입니까?"

何等이 爲足이며 何等이 爲手며 何等이 爲腹이며
何等이 爲藏이며 何等이 爲心이며

"무엇이 발이며, 무엇이 손이며, 무엇이 배며, 무엇이 오장이며, 무엇이 마음입니까?"

何等이 爲被甲이며 何等이 爲器仗이며 何等이 爲首며 何等이 爲眼이며 何等이 爲耳며

"무엇이 갑옷을 입음이며, 무엇이 싸우는 도구며, 무엇이 머리며, 무엇이 눈이며, 무엇이 귀입니까?"

何等이 爲鼻며 何等이 爲舌이며 何等이 爲身이며 何
等이 爲意며 何等이 爲行이며

"무엇이 코며, 무엇이 혀며, 무엇이 몸이며, 무엇이
뜻이며, 무엇이 다님[行]입니까?"

何等이 爲住며 何等이 爲坐며 何等이 爲臥며 何
等이 爲所住處며 何等이 爲所行處닛고

"무엇이 머무름이며, 무엇이 앉음이며, 무엇이 누움
이며, 무엇이 머무를 곳이며, 무엇이 다닐 곳입니까?"

여기까지가 십지행법의 50가지 질문이다. 십지의 경지에
서 여러 가지 불법의 명제를 살펴본 내용이다.

6) 인원구경행법因圓究竟行法의 등각위等覺位 32문

하등　위관찰　　하등　위보관찰　　하등
何等이　爲觀察이며　何等이　爲普觀察이며　何等이

위분신　　하등　위사자후　　하등　위청정시
爲奮迅이며　何等이　爲獅子吼며　何等이　爲淸淨施며

"무엇이 관찰함이며, 무엇이 두루 관찰함이며, 무엇
이 기운을 가다듬음[奮迅]이며, 무엇이 사자후며, 무엇이
청정한 보시입니까?"

인원구경행법因圓究竟行法의 등각위等覺位 32가지 질문이란
보살 수행의 원인이 원만하게 성취되어 완성의 단계에 이르
러 구경각인 묘각과 평등하여진 지위[等覺位]에서 살펴본 여러
가지 불법의 명제이다.

하등　위청정계　하등　위청정인　　하등
何等이　爲淸淨戒며　何等이　爲淸淨忍이며　何等이

위청정정진　　하등　위청정정　　하등　위청
爲淸淨精進이며　何等이　爲淸淨定이며　何等이　爲淸

정혜
淨慧며

"무엇이 청정한 계율이며, 무엇이 청정한 참음이며, 무엇이 청정한 정진이며, 무엇이 청정한 선정이며, 무엇이 청정한 지혜입니까?"

하등 위청정자 하등 위청정비 하등
何等이 **爲淸淨慈**며 **何等**이 **爲淸淨悲**며 **何等**이

위청정희 하등 위청정사 하등 위의
爲淸淨喜며 **何等**이 **爲淸淨捨**며 **何等**이 **爲義**며

"무엇이 청정한 인자함[慈]이며, 무엇이 청정한 어여삐 여김이며, 무엇이 청정한 기쁨이며, 무엇이 청정한 버림이며, 무엇이 이치입니까?"

하등 위법 하등 위복덕조도구 하등
何等이 **爲法**이며 **何等**이 **爲福德助道具**며 **何等**이

위지혜조도구 하등 위명족 하등 위구
爲智慧助道具며 **何等**이 **爲明足**이며 **何等**이 **爲求**

법
法이며

"무엇이 법이며, 무엇이 복덕으로 도를 돕는 도구[具]이며, 무엇이 지혜로 도를 돕는 도구이며, 무엇이 밝음이 만족함이며, 무엇이 법을 구함입니까?"

하등 위명료법 하등 위수행법 하등
何等이 **爲明了法**이며 **何等**이 **爲修行法**이며 **何等**이

위마 하등 위마업 하등 위사리마업
爲魔며 **何等**이 **爲魔業**이며 **何等**이 **爲捨離魔業**이며

"무엇이 법을 밝게 앎이며, 무엇이 법을 수행함이며, 무엇이 마魔이며, 무엇이 마의 업이며, 무엇이 마를 여의는 업입니까?"

하등 위견불 하등 위불업 하등 위
何等이 **爲見佛**이며 **何等**이 **爲佛業**이며 **何等**이 **爲**

만업 하등 위지업 하등 위마소섭지
慢業이며 **何等**이 **爲智業**이며 **何等**이 **爲魔所攝持**며

何等_이 爲佛所攝持_며 何等_이 爲法所攝持_{이니잇고}

하등　위불소섭지　하등　위법소섭지

何等_이 爲佛所攝持_며 何等_이 爲法所攝持_{이니잇고}

"무엇이 부처님을 봄이며, 무엇이 부처님의 업이며, 무엇이 교만한 업이며, 무엇이 지혜의 업이며, 무엇이 마에게 거두어 잡힘이며, 무엇이 부처님에게 거두어 잡힘이며, 무엇이 법에 거두어 잡힘입니까?"

여기까지가 수행의 원인이 되는 일체 보살행이 완성에 이른 인원구경행법因圓究竟行法의 등각위에 대한 32가지 질문이다.

7) 과용원만행법果用圓滿行法의 묘각위妙覺位 19문

하등　위주도솔천소작업　　하고　어도솔

何等_이 爲住兜率天所作業_{이며} 何故_로 於兜率

천궁몰　　하고　현처태　하등　위현미세취

天宮歿_{이며} 何故_로 現處胎_며 何等_이 爲現微細趣_며

하고　현초생

何故_로 現初生_{이며}

"무엇이 도솔천에 계시면서 짓는 업이며, 어째서 도솔천궁에서 없어지며, 어째서 태에 들어감을 나타냄이며, 무엇이 미세한 길을 나타냄이며, 어째서 처음 태어남을 나타냄입니까?"

마지막 수행의 결과인 불과佛果의 작용이 원만한 묘각의 지위에서 살펴보는 19가지 질문이다.

何故로 現微笑며 何故로 示行七步며 何故로 現
童子地며 何故로 現處內宮이며 何故로 現出家며

"어째서 미소를 나타내며, 어째서 일곱 걸음을 걸으며, 어째서 동자의 지위를 나타내며, 어째서 궁전에 있음을 나타내며, 어째서 출가함을 나타냅니까?"

何故로 示苦行이며 云何往詣道場이며 云何坐道

場_{이며} 何等_이 爲坐道場時奇特相_{이며} 何故_로 示降
魔_며

"어째서 고행함을 보이며, 어떻게 도량에 나아가며, 어떻게 도량에 앉으며, 무엇이 도량에 앉았을 때의 특수한 모습이며, 어떻게 마군을 항복받음을 보입니까?"

何等_이 爲成如來力_{이며} 云何轉法輪_{이며} 何故_로
因轉法輪_{하야} 得白淨法_{이며} 何故_로 如來應正等覺
_이 示般涅槃_{이니잇고} 善哉_라 佛子_야 如是等法_을 願爲
演說_{하소서}

"무엇이 여래의 힘을 이룸이며, 어떻게 법륜을 굴리며, 어째서 법륜 굴림을 인하여 깨끗한 법[自淨法]을 얻음이며, 어째서 여래 응공 정등각께서 열반에 드심을 보이십니까? 훌륭하신 불자시여, 이와 같은 법들을 원컨대 연설하여 주십시오."

길고 긴 이백 가지 질문을 숨 쉴 틈도 없이 쏟아 내었다. 옛 사람들이 "무더운 여름날 장마철에 하늘에서 구름이 뭉게뭉게 일듯이 이백 가지 질문을 일으키었다[雲興二百問]."고 표현하였는데 참으로 과연 그렇다. 질문하는 여러 가지 불법의 명제에는 중복이 되는 것도 있는데 그것은 십신에서의 의미와 십주에서의 의미와 십행에서의 의미와 십회향에서의 의미와 십지, 등각, 묘각에서의 의미를 각각 달리 해서 살펴본 것으로 이해하면 될 것이다.

4. 이백 가지 질문에 보현보살이 이천 가지로 답하다

1) 십신十信의 20문을 답하다

(1) 보살의 열 가지 의지依支

이시爾時에 보현보살普賢菩薩이 고보혜등제보살언告普慧等諸菩薩言하사대 불佛
자子야 보살마하살菩薩摩訶薩이 유십종의有十種依하니 하등何等이 위십爲十고 소所
위謂이보리심위의以菩提心爲依니 항불망실고恒不忘失故며

이때에 보현보살이 보혜보살 등 모든 보살에게 말하였습니다. "불자여, 보살마하살은 열 가지 의지가 있나니 무엇이 열인가. 이른바 보리심으로 의지를 삼나니 항상 잃어버리지 않는 연고이니라."

이백 가지 질문 중 첫 질문에 답한 것이다. 하나의 명제에 열 가지로 대답하였다. 사람은 무엇을 의지하여 살아야 하는가. 오온五蘊으로 된 자아自我만을 생각한다면 의식주와 부모처자와 형제자매와 국가와 재산과 명예 등 여러 가지 의지해야 할 것이 있겠으나 참사람의 삶을 살려는 보살의 삶이라면 먼저 지혜와 자비인 보리심을 의지해야 할 것이다. 지혜와 자비인 보리심, 즉 불심佛心이 없다면 보살이라고 할 수 없기 때문이다. 또한 의식주와 부모처자와 형제자매와 재산과 명예 등은 잃어버릴 수 있지만 보리심은 한번 의지하게 되면 결코 잃어버리지 않으며, 보리심으로 의지를 삼는다는 것은 모든 사람이 본래로 지니고 있는 참마음 참사람을 회복하는 일이기 때문이다.

이 선 지 식 위 의　화 합 여 일 고
以善知識爲依니 **和合如一故**며

"선지식으로 의지를 삼나니 화합하여 한결같은 연고이니라."

또 세상을 살려면 의지해야 할 스승도 많다. 그러나 진정으로 의지해야 할 참다운 스승을 찾기란 쉽지 않다. 그래서 존재의 실상과 사람의 가치와 존귀함을 제대로 아는 선지식으로 의지를 삼아야 한다고 한 것이다. 참다운 선지식은 영원히 화합하여 함께할 수 있기 때문이다.

이 선 근 위 의   수 습 중 장 고
以善根爲依니 **修習增長故**며

"착한 뿌리로 의지를 삼나니 닦고 익혀서 증장하는 연고이니라."

또 착한 뿌리로 의지를 삼아야 한다. 세상을 아름답고 살기 좋은 곳으로 만들려면 모든 사람이 정직하고 착해야 한다. 세상이 사기와 협잡과 부정부패로 만연해 있다면 그곳은 곧 지옥이다. 그래서야 어떻게 사람이 살 수 있겠는가. 착하고 선량한 일은 하면 할수록 자꾸 반복되고 늘어나기 때문이다.

이 바 라 밀 위 의　　구 족 수 행 고
以波羅蜜爲依니 具足修行故며

"바라밀다로 의지를 삼나니 구족하게 수행하는 연고
이니라."

바라밀에는 육바라밀과 십바라밀 등이 있다. 그중에 제
일 바라밀은 보시바라밀이다. 보시바라밀은 육바라밀에서
도 첫째고, 십바라밀에서도 첫째며, 사섭법에서도 첫째이다.
지혜와 자비의 구체적인 표현이다. 그러므로 보시바라밀은
모든 바라밀의 전체이며 모든 수행의 전체이다. 이 보시바라
밀만 잘 의지하여 수행하여도 구족하게 수행하는 것이 된다.

이 일 체 법 위 의　　구 경 출 리 고
以一切法爲依니 究竟出離故며

"일체 법으로 의지를 삼나니 구경에 벗어나는 연고
이니라."

여기에서 일체 법이란 불교의 일체 가르침의 법을 뜻한다.

불교의 일체 가르침의 법을 의지해서 구경에는 번뇌에서 벗어나고 생사에서 벗어나기 때문이다.

이 대 원 위 의   증 장 보 리 고
以大願爲依니 **增長菩提故**며

"큰 서원으로 의지를 삼나니 보리를 증장하는 연고이니라."

보살은 일체 중생을 다 교화하겠다는 큰 서원을 의지하여야 한다. 그것이 삶의 목적이고 꿈이고 희망이어야 한다. 보살이 중생을 보살피겠다는 일 밖에 달리 무슨 일이 있겠는가. 이것은 곧 지혜와 자비인 보리가 날로 증장하는 것이다.

이 제 행 위 의   보 개 성 취 고
以諸行爲依니 **普皆成就故**며

"모든 행으로 의지를 삼나니 널리 다 성취하는 연고이니라."

보살은 또 모든 수행을 의지로 삼는다. 수행하는 일 밖에 달리 또 무슨 일이 있겠는가. 그래서 보살의 수행은 널리 다 성취된다.

이 일 체 보 살 위 의   동 일 지 혜 고
以一切菩薩爲依니 **同一智慧故**며

"일체 보살로 의지를 삼나니 지혜가 같은 연고이니라."

보살은 역시 일체 보살로 의지를 삼아야 한다. 보살은 세상을 선도할 가장 이상적인 지도자이며 본보기이며 그 지혜가 동일하기 때문이다.

이 공 양 제 불 위 의   신 심 청 정 고
以供養諸佛爲依니 **信心淸淨故**며

"모든 부처님께 공양함으로 의지를 삼나니 믿는 마음이 청정한 연고이니라."

보살은 모든 사람 모든 생명을 부처님으로 생각하여 항상 공양하는 일로 의지를 삼아야 한다. 모든 사람 모든 생명을 부처님으로 생각하여 공양을 올리면 그 믿는 마음이 더욱 청정하여지기 때문이다.

이 일 체 여 래 위 의　　여 자 부 교 회 부 단 고　　시
以一切如來爲依니 如慈父教誨不斷故라 是

위 십
爲十이니라

"일체 여래로 의지를 삼나니 자비하신 아버지와 같은 가르침이 끊어지지 않는 연고이니라. 이것이 열이니라."

보살은 일체 여래로 의지를 삼으며 일체 중생, 일체 생명도 여래로서 의지를 삼아야 한다. 왜냐하면 일체 여래는 자비하신 아버지와 같은 가르침이 끊어지지 않기 때문이다. 마치 세상의 어린 아이들이 그 부모를 의지하는 것과 같다.

약 제 보 살   안 주 차 법   즉 득 위 여 래 무 상 대
若諸菩薩이 **安住此法**하면 **則得爲如來無上大**

지 소 의 처
智所依處니라

"만일 모든 보살이 이 법에 편안히 머물면 여래의 위 없는 큰 지혜의 의지할 곳이 되느니라."

보살이 의지해야 할 열 가지를 들었다. 잘 살펴보면 모두가 보살이 쓰는 마음이며 보살이 행하는 일이다. 이와 같이 보살이 보살행을 의지하면 어떤 곳을 다니고 어떤 일을 하더라도 여래와 같이 위없는 큰 지혜의 의지할 곳이 된다. 이천 가지의 답변 중에 이제 열 가지를 설하였다.

(2) 보살의 열 가지 기특한 생각

불 자   보 살 마 하 살   유 십 종 기 특 상   하 등
佛子야 **菩薩摩訶薩**이 **有十種奇特想**하니 **何等**

위 십   소 위 어 일 체 선 근   생 자 선 근 상
이 **爲十**고 **所謂於一切善根**에 **生自善根想**하며

"불자여, 보살마하살은 열 가지 기특한 생각이 있으니 무엇이 열인가. 이른바 일체 착한 뿌리에 자기의 착한 뿌리라는 생각을 내느니라."

진정한 보살이라면 이와 같은 열 가지 기특한 생각을 할 수 있을 것이다. 먼저 일체 모든 선한 일을 자기의 선한 일로 생각하는 것이다. 그렇게 생각하는 사람에게 무슨 악한 생각이 있겠는가. 참으로 기특한 생각이다.

어 일 체 선 근   생 보 리 종 자 상
於一切善根에 **生菩提種子想**하며

"일체 착한 뿌리에 보리의 종자라는 생각을 내느니라."

일체 선근은 아무리 작은 선근이라도 그것이 보리의 씨앗이라는 사실이다. 보리란 무엇인가. 지혜와 자비로 세상에 대해서 선을 행하자는 것이다. 아무리 작은 선근이라도 그것이 곧 깨달음의 종자라는 생각은 참으로 기특한 생각이다.

어 일 체 중 생   생 보 리 기 상
於一切衆生에 **生菩提器想**하며

"일체 중생에게 보리의 그릇이란 생각을 내느니라."

일체 중생에게는 모두 참마음 참사람 진여자성 불성 종자가 있기 때문에 일체 중생이 모두 깨달음의 그릇이라는 것은 당연한 사실이다. 그러나 모두가 잊고 있는 이 사실에 대해 보살이 일체 중생을 모두 깨달음의 그릇으로 생각하는 것은 진정 기특한 생각이다.

어 일 체 원   생 자 원 상
於一切願에 **生自願想**하며

"일체 서원에 자기의 서원이란 생각을 내느니라."

부처님과 보살과 일체 선지식은 모두 위대한 서원을 가지고 있다. 그들의 서원이 무엇이든 불보살과 선지식의 훌륭한 서원을 자기가 세워야 할 서원이라고 생각하는 것은 참으로 기특한 생각이다.

어 일 체 법　생 출 리 상
於一切法에 **生出離想**하며

"일체 법에 벗어나는 생각을 내느니라."

세상만사는 모두가 사람들을 깨우치는 큰 가르침이다.
그 모든 가르침을 유심히 살펴보면 일체가 삼독 번뇌에서
벗어나게 하고, 나아가 모든 번뇌와 생사에서 벗어나게 하
는 가르침이다. 이와 같이 생각하는 것은 참으로 기특한 생
각이다.

어 일 체 행　생 자 행 상
於一切行에 **生自行想**하며

"일체 행에 자기의 행이라는 생각을 내느니라."

보살은 선한 행이든 나쁜 행이든 모두 자기의 행이라고
생각한다. 선한 행은 스스로 행해야 할 행이고 나쁜 행은 스
스로 고쳐서 바로잡아야 할 행으로 생각한다. 이와 같이 생
각한다면 참으로 기특한 생각이다.

어 일 체 법　　생 불 법 상
於一切法에 **生佛法想**하며

"일체 법에 불법佛法이라는 생각을 내느니라."

금강경에 "일체법一切法이 개시불법皆是佛法"이라는 말이 있다. 실로 무슨 법인들 깨달음의 법에 해당하지 않겠는가. 무슨 법인들 참마음의 법이 아니며 진여자성의 법이 아니겠는가. 일체 법을 모두 불법이라고 생각하는 것은 당연한 생각이면서 참으로 기특한 생각이다.

어 일 체 어 언 법　　생 어 언 도 상
於一切語言法에 **生語言道想**하며

"일체 언어의 법에 언어의 도道란 생각을 내느니라."

일반적으로 언어는 언어일 뿐이지 도가 아니라고들 말한다. 그러나 언어도 역시 훌륭한 도이다. 그러므로 언어가 곧 도라는 생각을 내는 것은 훌륭하고 기특한 생각이다. 대승찬大乘讚에도 "언어가 곧 큰 도이다. 언어를 번뇌라고 끊어 없애지 말라."[4] 라고 하였다.

어 일 체 불　　생 자 부 상
於一切佛에 **生慈父想**하며

"일체 부처님에게 자비하신 아버지라는 생각을 내느
니라."

일체 부처님이야말로 진정으로 자비하신 아버지이시다.
예불문에도 '사생자부四生慈父'라고 하였다. 언제나 부처님을
자비하신 아버지라고 생각하는 것은 참으로 기특한 생각
이다.

어 일 체 여 래　　생 무 이 상　　시 위 십
於一切如來에 **生無二想**이 **是爲十**이니라

"일체 여래에게 둘이 없다는 생각을 내나니, 이것이
열이니라."

---

4) 言語卽是大道 不假斷除煩惱.

일체 여래는 그 수효가 무수 억만이라 하더라도 동일한 여래며 동일한 법이며 동일한 법신이어서 하나이다.

약 제 보 살   안 주 차 법   즉 득 무 상 선 교 상
若諸菩薩이 **安住此法**하면 **則得無上善巧想**이니라

"만일 모든 보살이 이 법에 편안히 머물면 위없이 교묘한 생각을 얻느니라."

(3) 보살의 열 가지 행行

불 자   보 살 마 하 살   유 십 종 행   하 등   위
佛子야 **菩薩摩訶薩**이 **有十種行**하니 **何等**이 **爲**

십   소 위 일 체 중 생 행   보 령 성 숙 고
十고 **所謂一切衆生行**이니 **普令成熟故**며

"불자여, 보살마하살은 열 가지 행이 있으니 무엇이 열인가. 이른바 일체 중생의 행이니 널리 성숙케 하는 연고이니라."

세 번째 질문인 행에 대한 답이다. 행行에 대하여 청량스님의 소疏에서는 "열 가지 행이란 수승한 생각을 의지하여 큰 행을 짓는다. 생각은 오직 마음에 있고 행은 몸과 말과 마음의 삼업에 통한다. 헛된 생각은 행하지 못하고 또한 이루는 것도 없다."[5]라고 하였다. 보살에게 일체 중생의 행이 있는 것은 중생의 행으로부터 점점 성숙해서 보살이 되기 때문이다.

일 체 구 법 행　　함 실 수 학 고
一切求法行이니 **咸悉修學故**며

"일체 법을 구하는 행이니 다 닦아 배우는 연고이니라."

보살의 열 가지 행 중에 법을 구하고 진리를 구하고 도를 구하는 행이야말로 가장 바람직한 행이다. 법을 구하는 행은 모두가 닦아 배우는 일이기 때문이다. 공자도 논어 첫머

---

5) (三)十種行 : 依勝想之解, 造修大行. 想唯在心, 行通三業. 空想不行, 亦無成辦.

리에서 "배우고 때때로 익히면 또한 기쁘지 아니한가."[6]라
고 하였다.

일 체 선 근 행   실 사 증 장 고
一切善根行이니 悉使增長故며

"일체 착한 뿌리의 행이니 모두 증장케 하는 연고이
니라."

보살은 선근을 닦는 행으로 삶의 목적을 삼는다. 선근을
닦는 것 외에 하는 일은 아무것도 없다. 항상 선근만을 닦
기 때문에 선근을 닦는 일이 날로 증장한다.

일 체 삼 매 행   일 심 불 란 고
一切三昧行이니 一心不亂故며

"일체 삼매의 행이니 한결같은 마음이 산란하지 않
은 연고이니라."

---

6) 學而時習之 不亦說乎.

보살은 늘 삼매에 있어서 일심불란하다. 그와 같은 삼매를 떠나지 않으면서 중생을 교화하는 보살행을 쉬지 않는다.

일 체 지 혜 행　　무 불 요 지 고
一切智慧行이니 無不了知故며

"일체 지혜의 행이니 알지 못함이 없는 연고이니라."

보살은 일체 지혜가 있어서 알지 못하는 것이 없다. 지혜가 있으므로 올바른 자비를 행하게 된다.

일 체 수 습 행　　무 불 능 수 고
一切修習行이니 無不能修故며

"일체 것을 닦아 배우는 행이니 닦지 못할 것이 없는 연고이니라."

보살은 수행이란 수행은 모두 다 한다. 하지 않는 수행이 없다. 언제나 위로는 보리를 구하고 아래로는 중생을 교화하는 것으로 업을 삼기 때문이다.

일 체 불 찰 행　　　개 실 장 엄 고
一切佛刹行이니 **皆悉莊嚴故**며

"일체 부처님 세계의 행이니 다 장엄하는 연고이니라."

보살은 언제나 불법을 공부하여 자신의 인격을 향상시키고, 한편 향상된 인격으로 세상을 조금이라도 살기 좋은 곳으로 만드는 데 노심초사하는 사람이다. 이것이 일체 부처님 세계의 행으로 세상을 장엄하는 것이다.

일 체 선 우 행　　　공 경 공 양 고
一切善友行이니 **恭敬供養故**며

"일체 좋은 벗[善友]의 행이니 공경하고 공양하는 연고이니라."

좋은 벗이란 모든 사람 모든 생명을 늘 공경하고 공양하

며 찬탄하는 사람이다. 보살은 바로 그와 같은 행을 하는
사람이다.

　　일 체 여 래 행　　존 중 승 사 고
　　一切如來行이니 尊重承事故며

"일체 여래의 행이니 존중하고 받들어 섬기는 연고
이니라."

　보살은 또 일체 여래가 모든 사람 모든 생명을 존중하고
받들어 섬기듯이 그와 같은 행을 하는 사람이다.

　　일 체 신 통 행　　변 화 자 재 고　　시 위 십
　　一切神通行이니 變化自在故라 是爲十이니라

"일체 신통한 행이니 변화가 자재한 연고이니라, 이
것이 열이니라."

　보살은 또 일체 신통을 지니고 있어서 그 변화가 자유자

재하다. 보살의 이와 같은 열 가지 행은 매우 수승하여 그대로가 여래와 같다. 그래서 보살대승불교에서는 성불한 뒤에 다시 중생 구제를 위해서 보살로 머물러 있다고 하는 것이다.

약 제 보 살   안 주 차 법   즉 득 여 래 무 상 대 지
若諸菩薩이 **安住此法**하면 **則得如來無上大智**

혜 행
慧行이니라

"만일 모든 보살이 이 법에 편안히 머물면 여래의 위 없는 큰 지혜의 행을 얻느니라."

만약 보살이 위의 열 가지 법에 편안히 머문다면 그대로가 여래의 가장 높은 큰 지혜의 행이 된다. 그러므로 진정한 보살행은 곧 여래의 행이며, 여래의 행은 곧 진정한 보살의 행이다.

(4) 보살의 열 가지 선지식

불자 보살마하살 유십종선지식 하등
佛子야 菩薩摩訶薩이 有十種善知識하니 何等

위십 소위영주보리심선지식
이 爲十고 所謂令住菩提心善知識과

"불자여, 보살마하살은 열 가지 선지식이 있으니 무엇
이 열인가. 이른바 보리심에 머물게 하는 선지식이니라."

보살은 일체 중생에게 선지식이 되어 모든 수승한 법을
잘 가르친다. 무엇보다 먼저 사람들을 지혜와 자비의 마음
인 보리심에 머물게 하는 선지식이 된다. 이와 같이 불교는
모든 사람에게 보리심을 내도록 가르친다. 심지어 동물을
만나면 동물에게도 보리심을 발하라고 일러 준다.

영생선근선지식 영행제바라밀선지식
令生善根善知識과 令行諸波羅蜜善知識과

"착한 뿌리를 내게 하는 선지식이며, 모든 바라밀다
를 행하게 하는 선지식이니라."

보살은 또 사람들에게 정직하게 살도록 하고 선량하게
살도록 하며, 육바라밀과 십바라밀과 사섭법과 사무량심을
실천하도록 가르치는 선지식이 된다.

영 해 설 일 체 법 선 지 식　　영 성 숙 일 체 중 생 선
令解說一切法善知識과　**令成熟一切衆生善**

지 식
知識과

"모든 법을 해석하여 말하게 하는 선지식이며, 일체
중생을 성숙시키는 선지식이니라."

보살은 또 모든 사람들에게 일체 법을 설하여 일체 중생
을 성숙시키는 선지식이 된다. 이 모든 것은 보살의 의무며
책임이다.

영 득 결 정 변 재 선 지 식　　영 불 착 일 체 세 간 선
令得決定辯才善知識과　**令不着一切世間善**

지 식
知識과

"결정한 변재를 얻게 하는 선지식이며, 일체 세간에
집착하지 않게 하는 선지식이니라."

법을 설하는 데는 분명하고 확실한 변재가 있어야 하는
데 보살은 그것을 얻게 하는 선지식이 된다. 또 법을 설하여
세간에 집착하지 않게 하는 선지식이 된다.

영 어 일 체 겁　　수 행 무 염 권 선 지 식　　영 안 주
令於一切劫에 **修行無厭倦善知識**과 **令安住**

보 현 행 선 지 식　　영 입 일 체 불 지 소 입 선 지 식
普賢行善知識과 **令入一切佛智所入善知識**이니

시 위 십
是爲十이니라

"일체 겁 동안 수행하되 게으르지 않게 하는 선지식
이며, 보현의 행에 편안히 머물게 하는 선지식이며, 일
체 부처님의 지혜로 들어간 데 들게 하는 선지식이니,

이것이 열이니라."

많은 사람들이 수행을 하되 오랫동안 하지 못하고 중간에 게으름과 싫증을 내어 그만두게 된다. 보살은 그러한 일을 없게 하는 선지식이 되며, 나아가서 보현의 행에 안주하여 일체 부처님의 지혜로 들어갈 곳에 들어가게 하는 선지식이 된다. 그래서 보살은 모든 수행을 완성하게 한다.

(5) 보살의 열 가지 부지런한 정진

_{불 자} _{보살마하살} _{유 십 종 근 정 진} _{하 등}
佛子야 **菩薩摩訶薩**이 **有十種勤精進**하니 **何等**

_{위 십} _{소 위 교 화 일 체 중 생 근 정 진} _{심 입 일 체}
이 **爲十**고 **所謂敎化一切衆生勤精進**과 **深入一切**

_{법 근 정 진}
法勤精進과

"불자여, 보살마하살은 열 가지 부지런한 정진이 있으니 무엇이 열인가. 이른바 일체 중생을 교화하는 부지런한 정진이며, 일체 법에 깊이 들어가는 부지런한 정진이니라."

보살은 언제나 부지런하다. 세상이 이와 같이 험난하고 위태로운데 보살이 게으르면 어떻게 되겠는가. 그래서 열 가지 부지런한 정진을 들었다. 일체 중생을 교화하고 일체 법에 깊이 들어가는 부지런한 정진이다.

엄 정 일 체 세 계 근 정 진   수 행 일 체 보 살 소 학
嚴淨一切世界勤精進과 **修行一切菩薩所學**

근 정 진
勤精進과

"일체 세계를 깨끗이 하는 부지런한 정진이며, 일체 보살이 배울 바를 수행하는 부지런한 정진이니라."

보살은 모든 세상을 아름답고 향기롭게 만들고, 또 보살들이 배울 바를 수행하는 부지런한 정진이 있어야 한다.

멸제일체중생악근정진　　　지식일체삼악도
滅除一切衆生惡勤精進과　**止息一切三惡道**

고근정진
苦勤精進과

"일체 중생의 나쁜 짓을 제멸하는 부지런한 정진이
며, 일체 삼악도의 고통을 쉬게 하는 부지런한 정진이
니라."

모든 중생이 저지르는 일체 부정과 부패와 비리와 패악을
말끔히 없애야 하며, 또한 지옥 아귀 축생 등 삼악도의 고통
도 더 이상 일어나지 않게 하여야 한다. 그래서 보살은 부지
런히 정진하여야 한다.

최파일체중마근정진　　　원위일체중생　　　작
摧破一切衆魔勤精進과　**願爲一切衆生**하야　**作**

청정안근정진
清淨眼勤精進과

"일체 마魔의 무리를 꺾어 버리는 부지런한 정진이

며, 일체 중생을 위해서 청정한 눈이 되기를 서원하는 부지런한 정진이니라."

보살은 또한 일체 마군과 외도와 삿된 견해를 깨뜨려 없애고, 일체 중생을 위해서 청정한 눈이 되기를 서원하는 부지런한 정진이 있다.

공양 일 체제불근정진　영 일체 여래　개 실
供養一切諸佛勤精進과 令一切如來로 皆悉

환 희 근 정진　시 위 십　약 제 보살　안 주 차 법
歡喜勤精進이 是爲十이니 若諸菩薩이 安住此法하면

즉 득 구 족 여 래 무 상 정 진 바 라 밀
則得具足如來無上精進波羅蜜이니라

"일체 모든 부처님께 공양하는 부지런한 정진이며, 모든 여래로 하여금 환희케 하는 부지런한 정진이니, 이것이 열이니라. 만일 모든 보살이 이 법에 편안히 머물면 여래의 위없는 정진바라밀다를 구족하게 되느니라."

보살은 모든 사람 모든 생명을 부처님으로 여겨서 공양하고 공경하며 존중하고 찬탄하는 부지런한 정진과 일체 여래를 환희케 하고 일체 중생을 환희케 하는 부지런한 정진이 있다. 이러한 법에 머물면 여래의 위없는 정진바라밀다를 구족하게 된다.

(6) 보살의 열 가지 마음이 편안하여짐

佛子야 菩薩摩訶薩이 有十種心得安隱하니 何
等이 爲十고 所謂自住菩提心하고 亦當令他住菩
提心하야 心得安隱하며

"불자여, 보살마하살은 열 가지 마음이 편안하여짐이 있으니 무엇이 열인가. 이른바 스스로 보리심에 머물고 또 다른 이도 보리심에 머물게 하여 마음이 편안하여지느니라."

보살이 만약 마음이 편안하려면 스스로 보리심에 머물고 다른 모든 사람도 또한 보리심에 머물러야 한다. 자신만 보리심에 머물고 다른 사람은 보리심에 머물지 못한다면 보살의 마음은 편안할 수 없다. 이러한 마음 씀씀이는 모든 경우에 다 해당하는 보살로서의 절대적인 원칙이다.

자 구 경 이 분 쟁　　역 당 령 타 리 분 쟁　　심 득
自究竟離忿諍하고 **亦當令他離忿諍**하야 **心得**
안 은
安隱하며

"스스로 끝까지 성냄과 다툼을 여의고 또 다른 이도 성냄과 다툼을 여의게 하여 마음이 편안하여지느니라."

보살이 자신은 성냄과 다툼을 멀리 떠났으나 다른 사람이 성냄과 다툼을 떠나지 못하였다면 그 마음이 편안할 리 없다. 성내고 다투는 일은 모든 사람 모든 생명이 멀리멀리 떠나서 다시는 없어야 할 일이다.

자 리 범 우 법　　역 령 타 리 범 우 법　　심 득 안
自離凡愚法하고 **亦令他離凡愚法**하야 **心得安**
은
隱하며

"스스로 범부의 어리석은 법을 여의고 또 다른 이도
범부의 어리석은 법을 여의게 하여 마음이 편안하여지
느니라."

범부의 어리석은 법은 누구에게도 있어서는 안 될 법이
다. 보살이 자신만 범부의 어리석은 법을 떠나고 다른 사람
은 범부의 어리석은 법이 그대로 있다면 마음이 편안할 리
없다.

자 근 수 선 근　　역 령 타 근 수 선 근　　심 득 안
自勤修善根하고 **亦令他勤修善根**하야 **心得安**
은
隱하며

"스스로 착한 뿌리를 부지런히 닦고 또 다른 이도 착

한 뿌리를 부지런히 닦게 하여 마음이 편안하여지느니라."

보살은 항상 스스로 정직하고 착하다. 그러나 보살은 정직하고 착하지만 세상은 부정과 부패와 사기와 협잡이 만연해 있어서 보살의 마음이 편안할 리 없다. 모든 사람이 다 같이 정직하고 선량해서 어디든 육바라밀을 닦는 사람들로 충만해야만 보살의 마음이 편안하다.

자 주 바 라 밀 도　　역 령 타 주 바 라 밀 도　　심
自住波羅蜜道하고 **亦令他住波羅蜜道**하야 **心**
득 안 은
得安隱하며

"스스로 바라밀도에 머물고 또 다른 이도 바라밀도에 머물게 하여 마음이 편안하여지느니라."

보살은 스스로 육바라밀과 십바라밀과 사섭법과 사무량심과 십선 등을 잘 행하는 사람이다. 그러나 모든 사람들이 다 같이 그 모든 바라밀을 행해야 보살의 마음이 편안하다.

자생재불가　　역당령타생어불가　　심득
自生在佛家하고 **亦當令他生於佛家**하야 **心得**

안 은
安隱하며

"스스로 부처님의 가문에 태어나고 또 다른 이도 부처
님의 가문에 태어나게 하여 마음이 편안하여지느니라."

만약 보살이 자신은 부처님의 가문에 태어나고 다른 사
람은 부처님의 가문에 태어나지 못했다면 그 마음이 편안할
리 없다. 모든 사람 모든 생명이 스스로 부처님이라는 사실
을 깨달아 부처님의 가문에 태어나면 보살의 마음은 비로소
편안할 것이다.

자 심 입 무 자 성 진 실 법　　　역 령 타 입 무 자 성 진
自深入無自性眞實法하고 **亦令他入無自性眞**

실 법　　심 득 안 은
實法하야 **心得安隱**하며

"스스로 제 성품 없는 진실한 법에 깊이 들어가고 또

다른 이도 제 성품 없는 진실한 법에 들어가게 하여 마음이 편안하여지느니라."

일체 존재와 일체 사건은 그 자체의 고정불변하는 성품이 없다. 이것이 진실한 법이다. 자체 성품이 없는 진실한 법에 스스로도 깊이 들어가고 다른 사람들도 깊이 들어간다면 보살의 마음은 비로소 편안하여진다.

자 불 비 방 일 체 불 법　　　역 령 타 불 비 방 일 체 불
自不誹謗一切佛法하고 **亦令他不誹謗一切佛**

법　　심 득 안 은
法하야 **心得安隱**하며

"스스로 모든 부처님의 법을 비방하지 않으며 또 다른 이도 모든 부처님의 법을 비방하지 않게 하여 마음이 편안하여지느니라."

모든 보살은 일체 불법에 대해서 결코 스스로 비방하지 않는다. 그러나 바르고 참된 이치임에도 불구하고 불법을

비방하는 사람들이 많다. 그래서 얼마나 많은 구업을 짓는
가. 보살은 그것을 보면 마음이 편안하지 못할 것이다. 만
약 모든 사람이 참된 이치와 그렇지 못한 이치를 분별할 줄
안다면 보살의 마음은 얼마나 편안할 것인가.

자 만 일 체 지 보 리 원   역 령 타 만 일 체 지 보 리
自滿一切智菩提願하고 **亦令他滿一切智菩提**

원   심 득 안 은
願하야 **心得安隱**하며

　"스스로 일체 지혜의 보리원菩提願을 만족하고 또 다
른 이도 일체 지혜의 보리원을 만족하게 하여 마음이
편안하여지느니라."

　지혜는 곧 깨달음이고 깨달음은 곧 지혜이다. 스스로 이
원을 만족하고 다른 사람들도 이 원을 만족한다면 보살의
마음이 편안할 것이다.

자 심 입 일 체 여 래 무 진 지 장　　역 령 타 입 일 체
自深入一切如來無盡智藏하야 **亦令他入一切**

여 래 무 진 지 장　　심 득 안 은　　시 위 십
如來無盡智藏하야 **心得安隱**이 **是爲十**이니라

"스스로 모든 여래의 다함없는 지혜의 장藏에 깊이
들어가고 또 다른 이도 모든 여래의 다함없는 지혜의
장에 들어가게 하여 마음이 편안하여지나니, 이것이 열
이니라."

불법을 공부하여 궁극적으로 얻고자 하는 것은 여래의
지혜 창고다. 보살이 스스로 그와 같은 지혜 창고에 깊이 들
어가고 다른 사람들도 빠짐없이 다 들어간다면 보살은 마
음이 편안할 것이다. 그래서 "자타가 일시에 불도를 이루어
지이다."라고 하는 것이다.

약 제 보 살　　안 주 차 법　　즉 득 여 래 무 상 대 지
若諸菩薩이 **安住此法**하면 **則得如來無上大智**

안 은
安隱이니라

"만일 모든 보살이 이 법에 편안히 머물면 여래의 위
없는 큰 지혜의 편안함을 얻느니라."

(7) 보살의 열 가지 중생을 성취함

佛子_야 菩薩摩訶薩_이 有十種成就衆生_{하니} 何

等_이 爲十_고 所謂以布施_로 成就衆生_{하며} 以色身

_{으로} 成就衆生_{하며} 以說法_{으로} 成就衆生_{하며} 以同行

_{으로} 成就衆生_{하며}

"불자여, 보살마하살은 열 가지 중생을 성취함이 있
으니 무엇이 열인가. 이른바 보시로 중생을 성취하고,
육신으로 중생을 성취하고, 법을 설하여 중생을 성취하
고, 함께 행함으로 중생을 성취하느니라."

중생을 성취한다는 것은 중생을 교화하고 성숙시키고
제도한다는 뜻을 다 가지고 있다. 그와 같이 중생을 성취하고 교화하고 성숙시키고 제도하려면 어떤 방법이 필요할까.
제일 잘 통하는 방법이 보시다. 다음으로 그 모습을 나타
내 보이는 것이다. 모습을 나타내어 진리의 가르침을 설해
주는 것이다. 또 함께 있어 주고, 함께 같은 일을 하고, 함
께 놀아 주는 것이다.

以無染着으로 成就衆生하며 以開示菩薩行으로
成就衆生하며 以熾然示現一切世界로 成就衆生
하며

"물들지 않음으로 중생을 성취하고, 보살의 행을 열
어 보임으로 중생을 성취하고, 모든 세계를 치성하게
나타내 보임으로 중생을 성취하느니라."

스스로 물든 사람이 어떻게 남을 물들지 않게 할 수 있겠
는가. 그래서 물들지 않은 청정한 보살의 행을 열어 보임으
로 중생을 성취한다.

이 시 현 불 법 대 위 덕　　성 취 중 생　　이 종 종
以示現佛法大威德으로 成就衆生하며 以種種

신 통 변 현　　성 취 중 생　　이 종 종 미 밀 선 교 방
神通變現으로 成就衆生하며 以種種微密善巧方

편　　성 취 중 생　　시 위 십　　보 살　　이 차 성 취 중
便으로 成就衆生이 是爲十이니 菩薩이 以此成就衆

생 계
生界니라

"불법의 큰 위엄과 덕을 나타냄으로 중생을 성취하
고, 갖가지 신통과 변화로 중생을 성취하고, 갖가지 비
밀하고 교묘한 방편으로 중생을 성취하나니, 이것이 열
이니라. 보살은 이것으로 중생계를 성취하느니라."

불법의 큰 위엄과 덕을 나타내고, 갖가지 신통과 변화
를 보이고, 갖가지 비밀하고 교묘한 방편으로 중생을 성취
한다.

(8) 보살의 열 가지 계戒

불자 보살마하살 유십종계 하등 위
佛子야 **菩薩摩訶薩**이 **有十種戒**하니 **何等**이 **爲**

십 소위불사보리심계 원리이승지계 관찰
十고 **所謂不捨菩提心戒**와 **遠離二乘地戒**와 **觀察**

이익일체중생계 영일체중생주불법계 수일
利益一切衆生戒와 **令一切衆生住佛法戒**와 **修一**

체보살소학계
切菩薩所學戒와

"불자여, 보살마하살은 열 가지 계戒가 있으니 무엇
이 열인가. 이른바 보리심을 버리지 않는 계와, 이승二乘
의 지위를 멀리 여의는 계와, 일체 중생을 관찰하여 이
익하게 하는 계와, 일체 중생을 불법에 머물게 하는 계
와, 일체 보살의 배우는 것을 닦는 계이니라."

계戒란 목숨처럼 아끼고 지켜서 어기지 말아야 하는 것이
다. 보살이 보리심을 버리는 것은 목숨을 버리는 것과 같다.
대승법을 존중하는 대승보살은 성문법이나 연각의 법을 멀
리하기를 목숨을 지키듯이 해야 한다. 또 일체 중생을 잘 관
찰하여 이익하도록 해야 하고, 부처님의 법에 머물도록 해

야 하고, 일체 보살이 배워야 할 것을 반드시 닦아 익혀야
한다.

어일체법　무소득계　이일체선근　　회향
於一切法에 無所得戒와 以一切善根으로 廻向

보리계　　불착일체여래신계　　사유일체법
菩提戒와 不着一切如來身戒와 思惟一切法호대

이취착계　　제근율의계　　시위십　　약제보살
離取着戒와 諸根律儀戒가 是爲十이니 若諸菩薩이

안주차법　　　즉득여래무상광대계바라밀
安住此法하면 則得如來無上廣大戒波羅蜜이니라

"일체 법에 얻을 것이 없는 계와, 일체 착한 뿌리로
보리에 회향하는 계와, 일체 여래의 몸에 집착하지 않
는 계와, 일체 법을 생각하되 집착을 여의는 계와, 모든
근根의 계율과 의식의 계이니, 이것이 열이니라. 만일
모든 보살이 이 법에 편안히 머물면 여래의 위없고 광
대한 지계持戒바라밀다를 얻느니라."

오계와 십계와 250계 등을 지키는 것과는 차원이 다르

다. 일체 법은 얻을 바가 없다는 것이 보살의 계다. 일체 선근을 닦아 보리에 회향하는 것이 보살의 계다. 또 일체 여래의 몸에 집착하지 아니하고, 일체 법을 생각하되 집착을 여의는 것 등이 진정한 보살의 계다. 이와 같은 법에 머무르는 것이 가장 훌륭한 지계바라밀을 얻는 길이다.

(9) 보살의 열 가지 수기받는 법

불자야 보살마하살이 유십종수기법하야 보살
佛子야 菩薩摩訶薩이 有十種受記法하야 菩薩

이 차자지수기 하등 위십
이 以此自知受記하나니 何等이 爲十고

"불자여, 보살마하살은 열 가지 수기받는 법이 있어서 보살이 이것으로써 스스로 수기받을 줄을 아나니 무엇이 열인가."

수기에는 부처님이라는 사실에 대해서 부처님이나 보살에게 보증을 받는다는 뜻의 수기受記가 있고, 부처님이라는 사실에 대해서 부처님이나 보살이 보증을 해 준다는 뜻의 수기授記가 있다. 여기에서는 보살이 이러이러한 일로 인하여 스스로 수기받음을 아는 것이다.

　　　소위이수승의　　발보리심　　자지수기　　영
　　所謂以殊勝意로 **發菩提心**하야 **自知受記**하며 **永**

불염사제보살행　　　자지수기　　주일체겁행
不厭捨諸菩薩行하야 **自知受記**하며 **住一切劫行**

보살행　　자지수기　　수일체불법　　자지수
菩薩行하야 **自知受記**하며 **修一切佛法**하야 **自知受**

기　　어일체불교　　일향심신　　자지수기
記하며 **於一切佛教**에 **一向深信**하야 **自知受記**하며

"이른바 수승한 뜻으로 보리심을 내어 스스로 수기받을 줄을 알며, 모든 보살의 행을 영원히 버리지 않고 스스로 수기받을 줄을 알며, 일체 겁에 머물러 보살행을 행하고 스스로 수기받을 줄을 알며, 일체 부처님의 법을 닦아서 스스로 수기받을 줄을 알며, 일체 부처님의 교법을 한결같이 깊이 믿고 스스로 수기받을 줄을 아느니라."

보살이 수승한 뜻으로 보리심을 내거나, 모든 보살의 행을 영원히 버리지 않거나, 일체 겁에 머물러 보살행을 행하거나, 일체 부처님의 법을 닦거나, 일체 부처님의 교법을 한결같이 깊이 믿는 등의 이와 같은 일은 당연히 부처님이라는 보증을 받는 일이 된다. 그것이 곧 수기를 받는 일이다.

修一切善根하야 皆令成就하야 自知受記하며 置
一切衆生於佛菩提하야 自知受記하며 於一切善
知識에 和合無二하야 自知受記하며 於一切善知識에
起如來想하야 自知受記하며 恒勤守護菩提本願하야
自知受記가 是爲十이니라

"일체 착한 뿌리를 닦아 모두 성취케 하고 스스로 수기받을 줄을 알며, 일체 중생을 부처님의 보리에 두고 스스로 수기받을 줄을 알며, 일체 선지식에게 화합하여 둘이 없이 하고 스스로 수기받을 줄을 알며, 일체 선지식에게 여래라는 생각을 내고 스스로 수기받을 줄을 알며, 보리의 본래 소원을 부지런히 수호하고 스스로 수기받을 줄을 아나니, 이것이 열이니라."

또 일체 착한 뿌리를 닦아 모두 성취케 하거나, 일체 중생을 부처님의 보리에 두거나, 일체 선지식에게 화합하여 둘이 없이 하나가 되거나, 일체 선지식에게 여래라는 생각을 내거나, 보리의 본래 소원을 부지런히 수호하는 등 이와 같은 일은 모두가 수기를 받는 일이다.

(10) 보살의 열 가지 모든 보살에 들어감

불자 보살마하살 유십종입 입제보살
佛子야 菩薩摩訶薩이 有十種入하야 入諸菩薩

하등 위십 소위입본원 입행 입취
하나니 何等이 爲十고 所謂入本願하며 入行하며 入聚

입제바라밀 입성취
하며 入諸波羅蜜하며 入成就하며

"불자여, 보살마하살은 열 가지 들어감이 있어서 모든 보살에 들어가나니 무엇이 열인가. 이른바 본래의 소원에 들어가고, 행에 들어가고, 모음에 들어가고, 모든 바라밀다에 들어가고, 성취에 들어가느니라."

보살의 본래의 소원이란 보살이 가지고 있는 모든 소원을 뜻한다. 보살은 그 모든 소원에 들어가며, 보살의 행에 들어가며, 보살이 모으는 법에 들어가며, 보살이 닦는 모든 바라밀에 들어가며, 일체 중생을 성취하는 데 들어간다.

입 차 별 원   입 종 종 해   입 장 엄 불 토   입
入差別願하며 入種種解하며 入莊嚴佛土하며 入

신 력 자 재   입 시 현 수 생   시 위 십   보 살   이
神力自在하며 入示現受生이 是爲十이니 菩薩이 以

차 보 입 삼 세 일 체 보 살
此普入三世一切菩薩이니라

"차별한 소원에 들어가고, 가지가지 이해에 들어가고, 불국토를 장엄함에 들어가고, 신통의 힘이 자재함

에 들어가고, 일부러 태어나는 데 들어가나니, 이것이 열이니라. 보살이 이것으로써 삼세의 모든 보살에 널리 들어가느니라."

또 보살에게는 온갖 차별한 원이 있는데 그 원에 다 들어 가며, 가지가지 이해에 다 들어가며, 세상을 살기 좋은 곳으로 만드는 불토를 장엄하는 데 들어가며, 위신력이 자유자 재한 데 들어가며, 보살이 일부러 중생을 위해서 태어나는 데 들어간다. 보살이 모든 보살의 할 일에 들어가는 것을 밝혔다.

(11) 보살의 열 가지 여래에 들어감

불자 보살마하살 유십종입 입제여래
佛子야 菩薩摩訶薩이 有十種入하야 入諸如來

하등 위십 소위입무변성정각 입무
하나니 何等이 爲十고 所謂入無邊成正覺하며 入無

변전법륜 입무변방편법 입무변차별음
邊轉法輪하며 入無邊方便法하며 入無邊差別音

성　　　입 무 변 조 복 중 생
聲하며 **入無邊調伏衆生**하며

"불자여, 보살마하살은 열 가지 들어감이 있어서 모든 여래에 들어가나니 무엇이 열인가. 이른바 그지없이 바른 깨달음을 이루는 데 들어가며, 그지없이 법륜法輪을 굴리는 데 들어가며, 그지없는 방편의 법에 들어가며, 그지없이 차별한 음성에 들어가며, 그지없이 중생을 조복함에 들어가느니라."

여래에게는 그지없는 열 가지 일이 있다. 깨달음을 이루고, 법륜을 굴리고, 방편의 법이 있고, 차별한 음성이 있고, 중생을 조복받는 일이다. 보살은 이 모든 여래의 그지없는 일에 다 들어간다. 보살에게는 본래로 보살의 능력과 여래의 능력이 다 갖춰져 있기 때문이다.

입 무 변 신 력 자 재　　　입 무 변 종 종 차 별 신　　　입
入無邊神力自在하며 **入無邊種種差別身**하며 **入**

무변삼매　　입무변력무소외　　입무변시현
無邊三昧하며 入無邊力無所畏하며 入無邊示現

열반　　시위십　　보살　이차보입삼세일체여
涅槃이 是爲十이니 菩薩이 以此普入三世一切如

래
來니라

"그지없는 신통의 힘이 자재함에 들어가며, 그지없
이 갖가지로 차별한 몸에 들어가며, 그지없는 삼매에
들어가며, 그지없는 힘과 두려움 없음에 들어가며, 그
지없이 열반을 나타내는 데 들어가나니, 이것이 열이니
라. 보살이 이것으로써 삼세 일체 여래에 들어가느니라."

또 그지없는 신통의 힘이 자재함과, 그지없이 갖가지로
차별한 몸과, 그지없는 삼매와, 그지없는 힘과 두려움 없음
과, 그지없이 열반을 나타내는 일 등이다. 보살은 이 모든
여래의 경지에 다 들어간다.

(12) 보살의 열 가지 중생의 행에 들어감

佛_불子_자야 菩_보薩_살摩_마訶_하薩_살이 有_유十_십種_종入_입衆_중生_생行_행하니 何_하

等_등이 爲_위十_십고 所_소謂_위入_입一_일切_체衆_중生_생過_과去_거行_행하며 入_입一_일切_체

衆_중生_생未_미來_래行_행하며 入_입一_일切_체衆_중生_생現_현在_재行_행하며 入_입一_일切_체衆_중

生_생善_선行_행하며 入_입一_일切_체衆_중生_생不_불善_선行_행하며

"불자여, 보살마하살은 열 가지 중생의 행에 들어감이 있으니 무엇이 열인가. 이른바 일체 중생의 과거의 행에 들어가며, 일체 중생의 미래의 행에 들어가며, 일체 중생의 현재의 행에 들어가며, 일체 중생의 착한 행에 들어가며, 일체 중생의 착하지 못한 행에 들어가느니라."

보살이 중생의 행에 들어가지 않으면 중생을 제도할 수 없다. 그래서 일체 중생의 과거의 행과 일체 중생의 미래의 행과 일체 중생의 현재의 행과 일체 중생의 착한 행과 일체 중생의 착하지 못한 행에까지 다 들어간다.

입 일 체 중 생 심 행　　입 일 체 중 생 근 행　　입
入一切衆生心行하며 入一切衆生根行하며 入

일 체 중 생 해 행　　입 일 체 중 생 번 뇌 습 기 행
一切衆生解行하며 入一切衆生煩惱習氣行하며

입 일 체 중 생 교 화 조 복 시 비 시 행　시 위 십　보
入一切衆生教化調伏時非時行이 是爲十이니 菩

살　이 차 보 입 일 체 제 중 생 행
薩이 以此普入一切諸衆生行이니라

"일체 중생의 마음의 행에 들어가며, 일체 중생의 근
성根性의 행에 들어가며, 일체 중생의 이해하는 행에 들
어가며, 일체 중생의 번뇌와 버릇의 행에 들어가며, 일
체 중생의 교화하고 조복하는 때와 때 아닌 행에 들어
가나니, 이것이 열이니라. 보살이 이것으로 일체 중생
의 행에 널리 들어가느니라."

또 보살은 일체 중생의 마음의 행과, 일체 중생의 근성
根性의 행과, 일체 중생의 이해하는 행과, 일체 중생의 번뇌와
버릇의 행과, 일체 중생의 교화하고 조복하는 때와 때 아닌
행에까지 다 들어가서 중생을 교화하고 조복한다.

(13) 보살의 열 가지 세계에 들어감

佛_불子_자야 菩_보薩_살摩_마訶_하薩_살이 有_유十_십種_종入_입世_세界_계하니 何_하等_등

이 爲_위十_십고 所_소謂_위入_입染_염世_세界_계하며 入_입淨_정世_세界_계하며 入_입小_소世_세

界_계하며 入_입大_대世_세界_계하며 入_입微_미塵_진中_중世_세界_계하며

"불자여, 보살마하살은 열 가지 세계에 들어감이 있으니 무엇이 열인가. 이른바 더러운 세계에 들어가며, 깨끗한 세계에 들어가며, 작은 세계에 들어가며, 큰 세계에 들어가며, 미진수 세계에 들어가느니라."

入_입微_미細_세世_세界_계하며 入_입覆_복世_세界_계하며 入_입仰_앙世_세界_계하며 入_입

有_유佛_불世_세界_계하며 入_입無_무佛_불世_세界_계가 是_시爲_위十_십이니 菩_보薩_살이 以_이

此_차普_보入_입十_시方_방一_일切_체世_세界_계니라

"미세한 세계에 들어가며, 엎어진 세계에 들어가며,

잦혀진 세계에 들어가며, 부처님이 있는 세계에 들어가며, 부처님이 없는 세계에 들어가나니, 이것이 열이니라. 보살이 이것으로 시방의 모든 세계에 두루 들어가느니라."

보살이 들어가지 않는 세계가 있겠는가. 이와 같은 온갖 세계에 들어가서 일체 중생을 모두 교화하고 조복한다. 보살은 더러운 세계와 깨끗한 세계와 작은 세계와 큰 세계와 미진수 세계와 미세한 세계와 엎어진 세계와 잦혀진 세계와 부처님이 있는 세계와 부처님이 없는 세계 등에 다 들어간다.

(14) 보살의 열 가지 겁에 들어감

불자   보살마하살   유십종입겁   하등이
佛子야 菩薩摩訶薩이 有十種入劫하니 何等이

위십   소위입과거겁   입미래겁   입현재
爲十고 所謂入過去劫하며 入未來劫하며 入現在

겁   입가수겁   입불가수겁
劫하며 入可數劫하며 入不可數劫하며

"불자여, 보살마하살은 열 가지 겁劫에 들어감이 있으니 무엇이 열인가. 이른바 지나간 겁에 들어가며, 오는 겁에 들어가며, 지금 겁에 들어가며, 셀 수 있는 겁에 들어가며, 셀 수 없는 겁에 들어가느니라."

入可數劫이 即不可數劫하며 入不可數劫이 即
可數劫하며 入一切劫이 即非劫하며 入非劫이 即一
切劫하며 入一切劫이 即一念이 是爲十이니 菩薩이
以此普入一切劫이니라

"셀 수 있는 겁이 곧 셀 수 없는 겁인 데 들어가며, 셀 수 없는 겁이 곧 셀 수 있는 겁인 데 들어가며, 모든 겁이 곧 겁이 아닌 데 들어가며, 겁이 아닌 것이 곧 모든 겁인 데 들어가며, 모든 겁이 곧 한 생각인 데 들어가나니, 이것이 열이니라. 보살은 이것으로 모든 겁에 두루 들어가느니라."

보살은 들어가지 않는 세계가 없듯이 또한 들어가지 않는 시간도 없다. 모든 겁에 다 들어간다. 지나간 겁과 오는 겁과 지금 겁과 셀 수 있는 겁과 셀 수 없는 겁에 다 들어가고, 셀 수 있는 겁이 곧 셀 수 없는 겁인 데와 셀 수 없는 겁이 곧 셀 수 있는 겁인 데와 모든 겁이 곧 겁이 아닌 데와 겁이 아닌 것이 곧 모든 겁인 데와 모든 겁이 곧 한 생각인 데까지 다 들어간다.

(15) 보살의 열 가지 삼세를 설함

불자 보살마하살 유십종설삼세 하등
佛子야 菩薩摩訶薩이 有十種說三世하니 何等

위십 소위과거세 설과거세 과거세 설
이 爲十고 所謂過去世에 說過去世하며 過去世에 說

미래세 과거세 설현재세
未來世하며 過去世에 說現在世하며

"불자여, 보살마하살은 열 가지로 삼세를 말함이 있으니 무엇이 열인가. 이른바 과거 세상에서 과거 세상을 말하며, 과거 세상에서 미래 세상을 말하며, 과거 세상에서 현재 세상을 말하느니라."

未來世에 說過去世하며 未來世에 說現在世하며

未來世에 說無盡하며

"미래 세상에서 과거 세상을 말하며, 미래 세상에서 현재 세상을 말하며, 미래 세상에서 다함이 없음을 말하느니라."

現在世에 說過去世하며 現在世에 說未來世하며

現在世에 說平等하며 現在世에 說三世卽一念이

是爲十이니 菩薩이 以此普說三世니라

"현재 세상에서 과거 세상을 말하며, 현재 세상에서 미래 세상을 말하며, 현재 세상에서 평등함을 말하며, 현재 세상에서 세 세상이 곧 한 생각임을 말하나니, 이것이 열이니라. 보살은 이것으로 삼세를 두루 말하느니라."

보살은 과거와 미래와 현재에서 또 각각 과거와 미래와 현재가 있음을 설한다. 마지막으로 삼세가 곧 일념인 것과 함께 9세와 10세가 서로서로 연결되어 있음을 설한다. 그래서 구세십세호상즉九世十世互相卽이라 한다.

(16) 보살의 열 가지 삼세를 앎

佛_불子_자야 菩_보薩_살摩_마詞_하薩_살이 有_유十_십種_종知_지三_삼世_세하니 何_하等_등이 爲_위十_십고 所_소謂_위知_지諸_제安_안立_립하며 知_지諸_제語_어言_언하며 知_지諸_제談_담議_의하며 知_지諸_제軌_궤則_칙하며 知_지諸_제稱_칭謂_위하며

"불자여, 보살마하살은 열 가지 세 세상[三世]을 아는 일이 있으니 무엇이 열인가. 이른바 모든 나란히 정돈함[安立]을 알며, 모든 말을 알며, 모든 의논을 알며, 모

든 법칙을 알며, 모든 일컬음을 아느니라."

지 제 제 령　　　지 기 가 명　　　지 기 무 진　　　지 기
知諸制令하며 知其假名하며 知其無盡하며 知其

적 멸　　　지 일 체 공　　시 위 십　　보 살　　이 차 보 지
寂滅하며 知一切空이 是爲十이니 菩薩이 以此普知

일 체 삼 세 제 법
一切三世諸法이니라

"모든 법령을 알며, 거짓 붙인 이름을 알며, 그 다함
이 없음을 알며, 그 적멸함을 알며, 모든 것이 공함을
아나니, 이것이 열이니라. 보살이 이것으로 모든 세 세
상의 여러 법을 두루 아느니라."

보살은 과거 현재 미래라는 시간이 질서 있게 배열되어
있고, 또 과거 현재 미래에 대한 말과 의논과 법칙과 일컫는
것과 법령과 거짓 이름과 다함없음과 적멸함과 일체가 텅 비
어 공함까지를 다 안다. 이것으로써 일체 삼세의 모든 법을
널리 안다.

(17) 보살의 열 가지 고달프지 않은 마음

佛子야 菩薩摩訶薩이 發十種無疲厭心하나니 何

等이 爲十고 所謂供養一切諸佛호대 無疲厭心하며

親近一切善知識호대 無疲厭心하며 求一切法호대

無疲厭心하며

"불자여, 보살마하살은 열 가지 고달프지 않은 마음
을 내나니 무엇이 열인가. 이른바 모든 부처님을 공양
하는 데 고달프지 않은 마음과, 모든 선지식을 친근하
는 데 고달프지 않은 마음과, 모든 법을 구하는 데 고달
프지 않은 마음이니라."

보살은 보살의 마음을 내고 보살의 행을 하는 데 결코
고달파하거나 싫어하는 마음을 내지 않는다. 보살의 마음
을 내는 데 고달파하거나 싫어한다면 보살이 아니다. 일체
모든 부처님을 공양하는 일과 일체 모든 선지식을 친근하는

일과 일체 모든 법을 구하는 일에 결코 고달파하거나 싫어
하는 마음이 없다.

聽聞正法호대 無疲厭心하며 宣說正法호대 無疲
厭心하며 教化調伏一切衆生호대 無疲厭心하며 置
一切衆生於佛菩提호대 無疲厭心하며

"바른 법을 듣는 데 고달프지 않은 마음과, 바른 법
을 말하는 데 고달프지 않은 마음과, 일체 중생을 교화
하고 조복하는 데 고달프지 않은 마음과, 일체 중생을
부처님의 보리에 두는 데 고달프지 않은 마음이니라."

만약 백천만 겁에도 만나기 어려운 이 귀중한 불법을 만
나고도 조금이라도 싫어하는 마음을 낸다면 그는 사람이
아니며, 불자가 아니며, 수행자가 아니다. 화엄경과 같은 이
최상승법을 만났으면 더욱 열심히 듣고 더욱 열심히 전파해

서 더 많은 중생을 교화하고 조복하여 일체 중생을 부처님
의 지혜와 자비의 경지에 올려 두어야 한다.

어 일 일 세 계　　경 불 가 설 불 가 설 겁　　행 보 살
於一一世界에 經不可說不可說劫토록 行菩薩

행　　무 피 염 심　　유 행 일 체 세 계　　무 피 염 심
行호대 無疲厭心하며 遊行一切世界호대 無疲厭心

관 찰 사 유 일 체 불 법　　무 피 염 심　　시 위 십
하며 觀察思惟一切佛法호대 無疲厭心이 是爲十이니

약 제 보 살　　안 주 차 법　　즉 득 여 래 무 피 염 무 상
若諸菩薩이 安住此法하면 則得如來無疲厭無上

대 지
大智니라

"낱낱 세계마다 말할 수 없이 말할 수 없는 겁을 지
내면서 보살의 행을 행하는 데 고달프지 않은 마음과,
모든 세계를 다니는 데 고달프지 않은 마음과, 온갖 부
처님의 법을 관찰하고 생각하는 데 고달프지 않은 마음
이니, 이것이 열이니라. 만일 모든 보살이 이 법에 편안
히 머물면 곧 여래의 고달프지 않은 위없는 큰 지혜를

얻느니라."

보살은 아무리 오랜 세월 동안 보살행을 행해도 피로해하거나 싫증을 내는 마음이 없다. 그래서 일체 세계를 돌아다니면서 중생을 교화해도 싫증을 내지 않고, 일체 불법을 관찰하고 사유해도 싫증을 내지 않는다.

(18) 보살의 열 가지 차별한 지혜

佛子_야 菩薩摩訶薩_이 有十種差別智_{하니} 何等_이
爲十_고 所謂知衆生差別智_와 知諸根差別智_와 知
業報差別智_와 知受生差別智_와 知世界差別智_와

"불자여, 보살마하살은 열 가지 차별한 지혜가 있으니 무엇이 열인가. 이른바 중생의 차별을 아는 지혜와, 모든 근기의 차별을 아는 지혜와, 업과 과보의 차별을 아는 지혜와, 태어나는 차별을 아는 지혜와, 세계의 차별을 아는 지혜이니라."

지법계차별지   지제불차별지   지제법차
知法界差別智와 知諸佛差別智와 知諸法差

별지   지삼세차별지   지일체어언도차별지
別智와 知三世差別智와 知一切語言道差別智가

시위십   약제보살   안주차법   즉득여래무
是爲十이니 若諸菩薩이 安住此法하면 則得如來無

상광대차별지
上廣大差別智니라

"법계의 차별을 아는 지혜와, 모든 부처님의 차별을
아는 지혜와, 모든 법의 차별을 아는 지혜와, 세 세상의
차별을 아는 지혜와, 일체 말하는 길의 차별을 아는 지
혜이니, 이것이 열이라. 만일 모든 보살이 이 법에 편
안히 머물면 여래의 위없이 광대하게 차별한 지혜를 얻
느니라."

보살의 지혜에는 차별한 것을 아는 지혜와 차별이 없는
것을 아는 지혜가 있다. 차별지와 무차별지라 한다. 차별지

는 눈에 보이는 현상들이 차별하듯이 일체 차별을 아는 지혜이고, 무차별지는 차별한 현상의 내면에 다 같이 있는 평등하고 통일된 본질을 아는 지혜이다. 여기에서는 보살이 중생의 차별과 모든 근기의 차별과 업과 과보의 차별과 태어남의 차별과 우주법계의 차별과 모든 부처님의 차별과 모든 법의 차별과 과거 현재 미래의 차별과 모든 언어의 차별을 아는 지혜가 있음을 밝혔다.

(19) 보살의 열 가지 다라니

불자야 보살마하살이 유십종다라니하니 하등이
佛子야 菩薩摩訶薩이 有十種陀羅尼하니 何等이

위십고 소위문지다라니니 지일체법하야 불망실
爲十고 所謂聞持陀羅尼니 持一切法하야 不忘失

고 수행다라니니 여실교관일체법고 사유다
故며 修行陀羅尼니 如實巧觀一切法故며 思惟陀

라니니 요지일체제법성고
羅尼니 了知一切諸法性故며

"불자여, 보살마하살은 열 가지 다라니가 있으니 무

엇이 열인가. 이른바 들어서 지니는 다라니이니 온갖 법을 지니고 잊지 않는 연고며, 닦아 행하는 다라니이니 모든 법을 사실대로 교묘하게 관찰하는 연고며, 생각하는 다라니이니 일체 모든 법의 성품을 분명히 아는 연고이니라."

다라니陀羅尼란 총지摠持·능지能持·능차能遮라고 번역한다. 무량무변한 뜻을 지니고 있어서 모든 악한 법을 버리고 한량없이 좋은 법을 가지는 것이다. 보통으로 다라니라 하는 것에 두 가지가 있다.

첫째로 지혜 혹은 삼매를 말한다. 이것은 말을 잊지 않고 뜻을 분별하며, 우주의 실상에 계합하여 수많은 법문을 보존하여 가지기 때문이다. 둘째로 진언眞言은 범문梵文을 번역하지 않고 음音 그대로 적어서 외우는 것이다. 이를 번역하지 않는 이유는 원문의 전체 뜻이 한정되는 것을 피하기 위해서이고 또한 밀어密語라 하여 다른 이에게 비밀히 하는 뜻이 있다. 이것을 외우는 사람은 한량없는 말을 들어도 잊지 아니하며, 끝없는 이치를 알아 학해學解를 돕고, 모든 장애를 벗어나 한량없는 복덕을 얻는 등 많은 공덕이 있으므로 다라니라 한다. 흔히 범문梵文의 짧은 구절을 진언眞言 또는 주呪라 하고 긴 구절로 된 것을 다라니 또는 대주大呪라 한다.

법광명다라니　조부사의제불법고　삼매다
法光明陀羅尼니　照不思議諸佛法故며　三昧陀

라니　보어현재일체불소　청문정법　심불
羅尼니　普於現在一切佛所하야　聽聞正法하야　心不

란고　원음다라니　해료부사의음성어언고
亂故며　圓音陀羅尼니　解了不思議音聲語言故며

삼세다라니　연설삼세불가사의제불법고
三世陀羅尼니　演說三世不可思議諸佛法故며

"법의 광명 다라니이니 부사의한 모든 부처님의 법을 비추는 연고며, 삼매 다라니이니 널리 일체 부처님 계신 데 나타나서 바른 법을 들어 마음이 어지럽지 않은 연고며, 원만한 음성 다라니이니 부사의한 음성과 말을 이해하는 연고며, 세 세상 다라니이니 세 세상의 불가사의한 모든 부처님 법을 연설하는 연고이니라."

종종변재다라니　연설무변제불법고　출생
種種辯才陀羅尼니 演說無邊諸佛法故며 出生

무애이다라니　불가설불소설지법　실능문
無礙耳陀羅尼니 不可說佛所說之法을 悉能聞

고　일체불법다라니　안주여래력무외고　시
故며 一切佛法陀羅尼니 安住如來力無畏故라 是

위십　약제보살　욕득차법　당근수학
爲十이니 若諸菩薩이 欲得此法인댄 當勤修學이니라

　"갖가지 변재 다라니이니 그지없는 모든 부처님의
법을 연설하는 연고며, 걸림 없는 귀를 출생하는 다라
니이니 말할 수 없는 부처님의 말씀한 법을 모두 듣는
연고며, 일체 불법佛法 다라니이니 여래의 힘과 두려움
없는 데 머무는 연고라, 이것이 열이니라. 만일 모든 보
살이 이 법을 얻고자 한다면 마땅히 부지런히 닦아 배
울 것이니라."

　경문에서 말하는 열 가지 다라니는 일체 법을 들어서 가
지는 문지聞持 다라니와 일체 법을 사실대로 관찰하는 수행
다라니와 일체 모든 법을 깨달아 아는 사유思惟 다라니와 부
사의한 모든 부처님의 법을 비추는 법의 광명 다라니와 부처

님 계신 데 나타나서 바른 법을 들어 마음이 어지럽지 않은
삼매 다라니 등이다.

(20) 보살의 열 가지 부처님

불자야　보살마하살　설십종불　　하등　위
佛子야 **菩薩摩訶薩**이 **說十種佛**하나니 **何等**이 **爲**

십　소위성정각불　원불　업보불　주지불
十고 **所謂成正覺佛**과 **願佛**과 **業報佛**과 **住持佛**과

열반불　법계불　심불　삼매불　본성불　수
涅槃佛과 **法界佛**과 **心佛**과 **三昧佛**과 **本性佛**과 **隨**

락불　시위십
樂佛이니 **是爲十**이니라

"불자여, 보살마하살은 열 가지 부처님을 말하나니
무엇이 열인가. 이른바 정각正覺을 이루는 부처님과, 서
원誓願의 부처님과, 업보業報의 부처님과, 머물러 지니는
[住持] 부처님과, 열반한 부처님과, 법계法界인 부처님과,
마음 부처님과, 삼매 부처님과, 본성품 부처님과, 따라
즐기는 부처님이니, 이것이 열이니라."

보살은 열 가지 부처님, 즉 십불十佛을 이야기한다. 십불에 대해서는 지엄智嚴스님이 지은『화엄공목장華嚴孔目章』제2권에서 해경解境십불과 행경行境십불을 들었다. 해경십불은 보살이 진지眞智로써 관할 때는 법계가 모두 불佛인 것이니 이를 나눈 것으로는 중생신·국토신·업보신·성문신·벽지불신·보살신·여래신·지신·법신·허공신이 있다. 행경의 십불은 수행을 완성한 뒤에 얻는 부처님 경계를 열 가지로 나눈 것으로서 정각불·원불·업보불·주지불·열반불·법계불·심불·삼매불·본성本性불·수락불[여의불]이 있다.

여기까지가 십신에 대한 20문을 이백 가지로 답한 것이다.

2) 십주十住의 20문을 답하다

(1) 발심주發心住를 답하다

1〉보살의 열 가지 보현의 마음

불 자　　보 살 마 하 살　　발 십 종 보 현 심　　　　하
佛 子야　菩 薩 摩 訶 薩이　發 十 種 普 賢 心하나니　何

등   위십   소위발대자심   구호일체중생고
等이 爲十고 所謂發大慈心이니 救護一切衆生故며

발대비심   대일체중생수고고   발일체시심
發大悲心이니 代一切衆生受苦故며 發一切施心

실 사 소 유 고
이니 悉捨所有故며

"불자여, 보살마하살은 열 가지 보현의 마음을 내나
니 무엇이 열인가. 이른바 크게 인자한 마음을 내나니
일체 중생을 구호하는 연고며, 크게 어여삐 여기는 마
음을 내나니 일체 중생을 대신하여 고통을 받는 연고
며, 온갖 것을 보시하는 마음을 내나니 가진 것을 모두
버리는 연고이니라."

다음은 십주十住의 20문을 답한 내용으로서 먼저 초주初住
인 발심주發心住를 답한 내용이다. 그중에 보현의 열 가지 마
음을 밝혔다. 보현보살은 수많은 보살 중에 가장 이상적인
보살이며 모든 보살행 중에 가장 중요한 보살행을 행하는
보살이다. 그래서 무수한 보살 중에 한 보살만 취한다면 당
연히 보현보살을 취한다. 그의 마음은 어떤가. 일체 중생을

구호하려는 크게 인자한 마음[大慈心]과 일체 중생의 고통을 대신하여 받는 크게 어여삐 여기는 마음[大悲心]과 가진 것을 모두 버리어 온갖 것을 다 보시하는 마음을 낸다.

발염 일체 지위 수심　　낙 구 일체 불법 고　　발
發念一切智爲首心이니 樂求一切佛法故며 發

공덕 장엄 심　　　학 일체 보살 행고　　발여 금강 심
功德莊嚴心이니 學一切菩薩行故며 發如金剛心

　일체 처 수생　　　불 망실 고　　발여 해심　　일
이니 一切處受生호대 不忘失故며 發如海心이니 一

체 백 정법　　실 유입 고
切白淨法이 悉流入故며

"일체 지혜를 생각함으로 머리를 삼는 마음을 내나니 일체 불법 구하기를 좋아하는 연고며, 공덕으로 장엄하는 마음을 내나니 모든 보살의 행을 배우는 연고며, 금강과 같은 마음을 내나니 모든 곳에 태어남을 잊지 않는 연고며, 바다와 같은 마음을 내나니 온갖 희고 깨끗한 법이 모두 흘러 들어가는 연고이니라."

또 열 가지 보현의 마음 중에 일체 불법을 구하려는 일체 지혜를 최우선으로 생각하는 마음과, 일체 보살행을 배우려는 공덕으로 장엄한 마음과, 모든 곳에 태어남을 잊지 않으려는 금강과 같은 마음과, 온갖 희고 깨끗한 법이 모두 흘러 들게 하려는 바다와 같은 마음을 내는 것이다.

발 여 대 산 왕 심　　　일 체 악 언　　　개 인 수 고　　　발
發如大山王心이니 一切惡言을 皆忍受故며 發

안 은 심　　　시 일 체 중 생 무 포 외 고　　　발 반 야 바 라
安隱心이니 施一切衆生無怖畏故며 發般若波羅

밀 구 경 심　　　교 관 일 체 법 무 소 유 고　　　시 위 십
蜜究竟心이니 巧觀一切法無所有故라 是爲十이니

약 제 보 살　　　안 주 차 심　　　질 득 성 취 보 현 선 교 지
若諸菩薩이 安住此心하면 疾得成就普賢善巧智
니라

"큰 산과 같은 마음을 내나니 일체 나쁜 말을 다 참고 받는 연고며, 편안한 마음을 내나니 일체 중생에게 두려움 없음을 주는 연고며, 반야바라밀다의 구경究竟의 마음을 내나니 온갖 법이 아무것도 없음을 교묘하게 관

찰하는 연고이니, 이것이 열이니라. 만일 모든 보살이
이 마음에 편안히 머물면 보현의 교묘한 지혜를 빨리
성취하느니라."

일체 나쁜 말을 다 참고 받아들이려는 큰 산과 같은 마
음과 일체 중생에게 두려움 없음을 주려는 편안한 마음과 일
체 법이 아무것도 없음을 교묘하게 관찰하려는 반야의 마음
을 내는 것이다.

2) 보살의 열 가지 보현의 행하는 법

불자 보살마하살 유십종보현행법 하
佛子야 菩薩摩訶薩이 有十種普賢行法하니 何

등 위십 소위원주미래일체겁보현행법 원
等이 爲十고 所謂願住未來一切劫普賢行法과 願

공양공경미래일체불보현행법 원안치일체
供養恭敬未來一切佛普賢行法과 願安置一切

중생어보현보살행보현행법
衆生於普賢菩薩行普賢行法과

"불자여, 보살마하살은 열 가지 보현의 행하는 법이 있으니 무엇이 열인가. 이른바 미래의 모든 겁에 머물기를 원하는 보현의 행하는 법이며, 미래의 모든 부처님께 공양하고 공경하기를 원하는 보현의 행하는 법이며, 일체 중생을 보현보살의 행에 두기를 원하는 보현의 행하는 법이니라."

또 보현보살의 열 가지 행하는 법을 밝혔다. 미래의 모든 겁에 머물고, 미래의 모든 부처님께 공양하고 공경하기를 원하고, 일체 중생을 보현보살의 행에 두기를 원하는 등 보현의 행하는 법이다.

원 적 집 일 체 선 근 보 현 행 법   원 입 일 체 바 라
願積集一切善根普賢行法과 願入一切波羅

밀 보 현 행 법   원 만 족 일 체 보 살 행 보 현 행 법   원
蜜普賢行法과 願滿足一切菩薩行普賢行法과 願

장 엄 일 체 세 계 보 현 행 법
莊嚴一切世界普賢行法과

"온갖 착한 뿌리를 모으기를 원하는 보현의 행하는 법이며, 모든 바라밀다에 들어가기를 원하는 보현의 행하는 법이며, 모든 보살의 행을 만족하기를 원하는 보현의 행하는 법이며, 일체 세계를 장엄하기를 원하는 보현의 행하는 법이니라."

또 온갖 착한 뿌리를 모으기를 원하고, 모든 바라밀다에 들어가기를 원하고, 모든 보살의 행을 만족하기를 원하고, 일체 세계를 장엄하기를 원하는 보현의 행하는 법 등이다.

원 생 일 체 불 찰 보 현 행 법　　원 선 관 찰 일 체 법
願生一切佛刹普賢行法과 **願善觀察一切法**

보 현 행 법　　원 어 일 체 불 국 토　　성 무 상 보 리 보
普賢行法과 **願於一切佛國土**에 **成無上菩提普**

현 행 법　　시 위 십　　약 제 보 살　　근 수 차 법　　질
賢行法이 **是爲十**이니 **若諸菩薩**이 **勤修此法**하면 **疾**

득 만 족 보 현 행 원
得滿足普賢行願이니라

"모든 부처님 세계에 나기를 원하는 보현의 행하는 법이며, 모든 법을 잘 관찰하기를 원하는 보현의 행하는 법이며, 모든 부처님의 국토에서 위없는 보리 이루기를 원하는 보현의 행하는 법이니, 이것이 열이니라. 만일 모든 보살이 이 법을 부지런히 닦으면 보현의 행과 원을 빨리 만족하게 하느니라."

모든 부처님 세계에 나기를 원하고, 모든 법을 잘 관찰하기를 원하고, 모든 부처님의 국토에서 위없는 보리 이루기를 원하는 등의 보현의 행하는 법이다.

3〉 보살은 열 가지 중생을 관찰하고 큰 자비를 일으킨다

불자 보살마하살 이십종관중생 이기
佛子야 菩薩摩訶薩이 以十種觀衆生하야 而起

대비 하등 위십 소위관찰중생 무의무
大悲하나니 何等이 爲十고 所謂觀察衆生이 無依無

호 이기대비 관찰중생 성부조순 이
怙하야 而起大悲하며 觀察衆生이 性不調順하야 而

기 대 비   관 찰 중 생   빈 무 선 근   이 기 대 비
起大悲하며 觀察衆生이 貧無善根하야 而起大悲하며

"불자여, 보살마하살은 열 가지로 중생을 관찰하고
큰 자비를 일으키나니 무엇이 열인가. 이른바 중생이 의
지할 데 없고 믿을 데 없음을 관찰하고 큰 자비를 일으
키며, 중생의 성품이 고르지 못함을 관찰하고 큰 자비
를 일으키며, 중생이 가난하여 착한 뿌리가 없음을 관
찰하고 큰 자비를 일으키느니라."

관 찰 중 생   장 야 수 면   이 기 대 비   관 찰 중
觀察衆生이 長夜睡眠하야 而起大悲하며 觀察衆

생   행 불 선 법   이 기 대 비   관 찰 중 생   욕 박
生이 行不善法하야 而起大悲하며 觀察衆生이 欲縛

소 박   이 기 대 비   관 찰 중 생   몰 생 사 해
所縛하야 而起大悲하며 觀察衆生이 沒生死海하야

이 기 대 비
而起大悲하며

"중생이 긴긴 밤에 잠자는 것을 관찰하고 큰 자비를
일으키며, 중생이 착하지 못한 법을 행함을 관찰하고

큰 자비를 일으키며, 중생이 욕심에 얽매임을 관찰하고
큰 자비를 일으키며, 중생이 생사生死 바다에 빠짐을 관
찰하고 큰 자비를 일으키느니라."

觀察衆生이 長嬰疾苦하야 而起大悲하며 觀察

衆生이 無善法欲하야 而起大悲하며 觀察衆生이 失

諸佛法하야 而起大悲가 是爲十이니 菩薩이 恒以此

心으로 觀察衆生이니라

"중생이 병고病苦에 길이 얽혔음을 관찰하고 큰 자비
를 일으키며, 중생이 착한 법에 욕망이 없음을 관찰하
고 큰 자비를 일으키며, 중생이 모든 부처님의 법을 잃
어버림을 관찰하고 큰 자비를 일으키나니, 이것이 열이
니라. 보살은 항상 이 마음으로 중생을 관찰하느니라."

보살이 큰 자비심을 일으키는 까닭에 대해서 들었다. 중

생이 의지할 데 없고 믿을 데 없고, 중생의 성품이 고르지 못하고, 중생이 가난하여 착한 뿌리가 없고, 중생이 긴긴 밤에 잠을 자고, 중생이 착하지 못한 법을 행하고, 중생이 욕심에 얽매여 있고, 중생들이 생사의 바다에 빠져 있고, 중생이 병고에 길이 얽혀 있고, 중생이 착한 법에 욕망이 없고, 중생이 모든 부처님의 법을 잃어버리는 것 등을 관찰하고는 큰 자비심을 일으킨다.

4〉 보살의 열 가지 보리심을 내는 인연

불 자   보살마하살   유십 종 발 보 리 심 인 연
佛子야 菩薩摩訶薩이 有十種發菩提心因緣하니

하등   위십   소위위교화조복일체중생고   발
何等이 爲十고 所謂爲敎化調伏一切衆生故로 發

보리심   위제멸일체중생고취고   발보리심
菩提心하며 爲除滅一切衆生苦聚故로 發菩提心

위여일체중생구족안락고   발 보 리 심
하며 爲與一切衆生具足安樂故로 發菩提心하며

"불자여, 보살마하살은 열 가지 보리심을 내는 인연

이 있으니 무엇이 열인가. 이른바 일체 중생을 교화하고 조복하기 위하여 보리심菩提心을 내며, 일체 중생의 고통 무더기를 제멸하기 위하여 보리심을 내며, 일체 중생에게 구족한 안락을 주기 위하여 보리심을 내느니라."

발보리심發菩提心, 즉 보리심을 내는 일은 불법 수행의 첫 번째 과정이다. 불법을 통하여 지혜를 연마하고 자비를 실천하여 사람들에게 이익을 나누는 일은 보리심으로부터 출발한다. 보리심을 좀 더 널리 설하면 나누는 마음이며, 베푸는 마음이며, 정직하고 선량한 마음이며, 지혜롭고 자비로운 마음이며, 불심佛心이다. 이와 같은 마음을 통하여 스스로도 이익하고 다른 사람도 이익하게 하여 불국토가 이뤄지는 것인데 경문에서는 그 까닭을 낱낱이 밝혔다. 먼저 일체 중생을 교화하고 조복하기 위하여 보리심을 내며, 일체 중생의 고통 무더기를 제멸하기 위하여 보리심을 내며, 일체 중생에게 구족한 안락을 주기 위하여 보리심을 낸다.

위단일체중생우치고　　발보리심　　위여일
爲斷一切衆生愚癡故로 發菩提心하며 爲與一

체중생불지고　　발보리심　　위공경공양일체
切衆生佛智故로 發菩提心하며 爲恭敬供養一切

제불고　　발보리심　　위수여래교　　영불환희
諸佛故로 發菩提心하며 爲隨如來敎하야 令佛歡喜

고　　발보리심
故로 發菩提心하며

"일체 중생의 어리석음을 끊기 위하여 보리심을 내
며, 일체 중생에게 부처님의 지혜를 주기 위하여 보리
심을 내며, 모든 부처님을 공경하고 공양하기 위하여
보리심을 내며, 여래의 가르침을 따라서 부처님을 환희
케 하기 위하여 보리심을 내느니라."

　불교를 믿는 불자들은 길을 가다가 개나 소나 돼지와 같
은 동물을 만나도 으레 "발보리심하라."는 말을 일러 주고
지나간다. 전생에 보리심이 없어서 동물로 태어났으니 지금
이라도 보리심을 내어 다시 사람으로 태어나서 지혜와 자비
를 실천하라는 뜻이다. 보리심을 내는 까닭을 다시 밝혔다.

일체 중생의 어리석음을 끊기 위하여, 일체 중생에게 부처님의 지혜를 주기 위하여, 모든 부처님을 공경하고 공양하기 위하여, 여래의 가르침을 따라서 부처님을 환희케 하기 위하여 보리심을 낸다.

위견일체불색신 상호고　발보리심　　위입
爲見一切佛色身相好故로 **發菩提心**하며 **爲入**

일체불광대지혜고　발보리심　　위현현제불
一切佛廣大智慧故로 **發菩提心**하며 **爲顯現諸佛**

력무소외고　발보리심　시위십
力無所畏故로 **發菩提心**이 **是爲十**이니라

"모든 부처님의 육신과 상호를 보기 위하여 보리심을 내며, 모든 부처님의 광대한 지혜에 들어가기 위하여 보리심을 내며, 모든 부처님의 힘과 두려움 없음을 나타내기 위하여 보리심을 내나니, 이것이 열이니라."

부처님과 일체 보살과 조사와 선지식들의 마음을 하나로 묶어서 표현하면 보리심이다. 이와 같이 중요한 마음이

보리심이다. 모든 부처님의 육신과 상호를 보기 위하여, 모든 부처님의 광대한 지혜에 들어가기 위하여, 모든 부처님의 열 가지 힘[7]과 네 가지 두려움 없음[8]을 나타내기 위하여 보리심을 낸다.

(2) 치지주治地住를 답하다

1〉 보살은 열 가지 마음 일으킴이 있다

<ruby>佛<rt>불</rt></ruby><ruby>子<rt>자</rt></ruby>야 <ruby>若<rt>약</rt></ruby><ruby>菩<rt>보</rt></ruby><ruby>薩<rt>살</rt></ruby>이 <ruby>發<rt>발</rt></ruby><ruby>無<rt>무</rt></ruby><ruby>上<rt>상</rt></ruby><ruby>菩<rt>보</rt></ruby><ruby>提<rt>리</rt></ruby><ruby>心<rt>심</rt></ruby>인댄 <ruby>爲<rt>위</rt></ruby><ruby>悟<rt>오</rt></ruby><ruby>入<rt>입</rt></ruby><ruby>一<rt>일</rt></ruby>

<ruby>切<rt>체</rt></ruby><ruby>智<rt>지</rt></ruby><ruby>智<rt>지</rt></ruby><ruby>故<rt>고</rt></ruby>로 <ruby>親<rt>친</rt></ruby><ruby>近<rt>근</rt></ruby><ruby>供<rt>공</rt></ruby><ruby>養<rt>양</rt></ruby><ruby>善<rt>선</rt></ruby><ruby>知<rt>지</rt></ruby><ruby>識<rt>식</rt></ruby><ruby>時<rt>시</rt></ruby>에 <ruby>應<rt>응</rt></ruby><ruby>起<rt>기</rt></ruby><ruby>十<rt>십</rt></ruby><ruby>種<rt>종</rt></ruby><ruby>心<rt>심</rt></ruby>

---

7) 십력十力 : 부처님께만 있는 열 가지 심력心力. ① 처비처지력處非處智力 ② 업이숙지력業異熟智力 ③ 정려해탈등지등지지력靜慮解脫等持等至智力 ④ 근상하지력根上下智力 ⑤ 종종승해지력種種勝解智力 ⑥ 종종계지력種種界智力 ⑦ 변취행지력遍趣行智力 ⑧ 숙주수념지력宿住隨念智力 ⑨ 사생지력死生智力 ⑩ 누진지력漏盡智力.

8) 사무소외四無所畏 : 불·보살이 설법할 적에 두려운 생각이 없는 지력智力의 네 가지. ① 정등각무외正等覺無畏는 일체 모든 법을 평등하게 깨달아 다른 이의 힐난詰難을 두려워하지 않음. ② 누영진무외漏永盡無畏는 온갖 번뇌를 다 끊었노라고 하여 외난外難을 두려워하지 않음. ③ 설장법무외說障法無畏는 보리를 장애하는 것을 말하되 악법惡法은 장애되는 것이라고 말해서 다른 이의 비난을 두려워하지 않음. ④ 설출도무외說出道無畏는 고통 세계를 벗어나는 요긴한 길을 표시해서 다른 이의 비난을 두려워하지 않음.

하등   위십
하나니 何等이 爲十고

"불자여, 만일 보살이 위없는 보리심을 내고 일체 지혜의 지혜에 깨달아 들어가기 위하여 선지식을 친근하고 공양할 때에는 마땅히 열 가지 마음을 일으키나니 무엇이 열인가."

소위기급시심   환희심   무위심   수순심
所謂起給侍心과 歡喜心과 無違心과 隨順心과

무이구심   일향심   동선근심   동원심   여래
無異求心과 一向心과 同善根心과 同願心과 如來

심   동원만행심   시위십
心과 同圓滿行心이 是爲十이니라

"이른바 시중드는 마음과, 환희하는 마음과, 어기지 않는 마음과, 순종하는 마음과, 따로 구함이 없는 마음과, 한결같은 마음과, 착한 뿌리가 같은 마음과, 소원이 같은 마음과, 여래의 마음과, 원만한 행이 같은 마음이니, 이것이 열이니라."

두 번째 치지주治地住란 항상 공관空觀을 닦아 심지心地를
청정하게 다스리는 지위이다. 세상에서 가장 존귀하고, 가
장 높고, 가장 깊고, 가장 아름답고, 그보다 더 높은 것이 없
는 위없는 마음인 보리심을 내고 일체 지혜의 지혜에 깨달아
들어가기 위하여 선지식을 친근하고 공양할 때에는 마땅히
열 가지 마음을 일으켜야 함을 밝혔다.

2) 보살은 열 가지 청정함이 있다

불자 약보살마하살 기여시심 즉득십
佛子야 若菩薩摩訶薩이 起如是心하면 則得十

종청정 하등 위십 소위심심청정 도
種淸淨하나니 何等이 爲十고 所謂深心淸淨이니 到

어구경 무실괴고 색신청정 수기소의
於究竟하야 無失壞故며 色身淸淨이니 隨其所宜하야

위시현고 음성청정 요달일체제어언고
爲示現故며 音聲淸淨이니 了達一切諸語言故며

"불자여, 만일 보살마하살이 이와 같은 마음을 일으
키면 열 가지가 청정하여지나니 무엇이 열인가. 이른바

깊은 마음이 청정하니 끝까지 이르도록 없어지지 않는 연고며, 육신이 청정하니 마땅한 바를 따라서 나타내는 연고며, 음성이 청정하니 온갖 말을 모두 통달하는 연고이니라."

선지식을 친근하여 공양할 때에 위와 같은 열 가지 마음을 일으킨다면 열 가지 청정함을 얻게 된다. 청정이란 깨끗하다는 뜻이며, 훌륭하다는 뜻이며, 길상하다는 뜻이며, 복되다는 뜻이며, 텅 비었다는 뜻이며, 성취하였다는 뜻이며, 아름답다는 뜻이다. 청정하다는 말과 같이 좋은 말이 있을까. 그래서 깊은 마음이 청정하고, 육신이 청정하고, 음성이 청정하다.

변재 청정   선설 무변 제불법 고   지혜 청정
辯才清淨이니 善說無邊諸佛法故며 智慧清淨

사리 일체 우치 암 고   수생 청정   구족 보살
이니 捨離一切愚癡暗故며 受生清淨이니 具足菩薩

자 재 력 고　　권 속 청 정　　　성 취 과 거 동 행 중 생 제
自在力故며 **眷屬淸淨**이니 **成就過去同行衆生諸**

선 근 고
善根故며

"변재가 청정하니 그지없는 모든 부처님 법을 잘 연설하는 연고며, 지혜가 청정하니 모든 어리석음을 여의는 연고며, 태어남이 청정하니 보살의 자유자재한 힘을 구족한 연고며, 권속이 청정하니 과거에 함께 행하던 중생의 착한 뿌리를 성취하는 연고이니라."

또 변재가 청정하고, 지혜가 청정하고, 태어남이 청정하고, 권속이 청정하다.

과 보 청 정　　　제 멸 일 체 제 업 장 고　　대 원 청 정
果報淸淨이니 **除滅一切諸業障故**며 **大願淸淨**

　여 제 보 살　성 무 이 고　　제 행 청 정　　이 보 현
이니 **與諸菩薩**로 **性無二故**며 **諸行淸淨**이니 **以普賢**

승　　이 출 리 고　시 위 십
乘으로 **而出離故**라 **是爲十**이니라

"과보가 청정하니 모든 업장을 제멸한 연고며, 큰 서원이 청정하니 모든 보살과 더불어 성품이 둘이 없는 연고며, 모든 행이 청정하니 보현의 법으로 벗어나는 연고라, 이것이 열이니라."

또 과보가 청정하고, 큰 서원이 청정하고, 모든 행이 청정하여 이루지 못할 일이 없다.

(3) 수행주修行住를 답하다

1〉 보살은 열 가지 바라밀이 있다

불자 보살마하살 유십종바라밀 하등
佛子야 菩薩摩訶薩이 有十種波羅蜜하니 何等이

위십 소위시바라밀 실사일체제소유고
爲十고 所謂施波羅蜜이니 悉捨一切諸所有故며

계바라밀 정불계고 인바라밀 주불인고
戒波羅蜜이니 淨佛戒故며 忍波羅蜜이니 住佛忍故며

"불자여, 보살마하살은 열 가지 바라밀다가 있으니 무엇이 열인가. 이른바 보시 바라밀다니 일체 모든 가

진 것을 다 버리는 연고며, 계율 바라밀다니 부처님의
계율을 깨끗이 하는 연고며, 참는 바라밀다니 부처님의
인욕에 머무는 연고이니라."

수행주修行住는 만선萬善 만행萬行을 닦는 지위이기 때문에
수행주라 한다.

　　　　　정진 바 라 밀　　　일 체 소 작　　불 퇴 전 고　　선 바
　　　　精進波羅蜜이니 **一切所作**이 **不退轉故**며 **禪波**

라 밀　　　염 일 경 고　　반 야 바 라 밀　　　여 실 관 찰 일
羅蜜이니 **念一境故**며 **般若波羅蜜**이니 **如實觀察一**

체 법 고　　지 바 라 밀　　　입 불 력 고
切法故며 **智波羅蜜**이니 **入佛力故**며

"정진 바라밀다니 모든 짓는 일이 물러나지 않는 연
고며, 선정 바라밀다니 한 경계를 생각하는 연고며, 반
야 바라밀다니 모든 법을 사실대로 관찰하는 연고며, 지
혜 바라밀다니 부처님의 힘에 들어가는 연고며,

원 바 라 밀　　　만 족 보 현 제 대 원 고　　　신 통 바 라
願波羅蜜이니 滿足普賢諸大願故며 神通波羅

밀　　시 현 일 체 자 재 용 고　　법 바 라 밀　　보 입 일
蜜이니 示現一切自在用故며 法波羅蜜이니 普入一

체 제 불 법 고　　시 위 십　　약 제 보 살　　안 주 차 법
切諸佛法故라 是爲十이니 若諸菩薩이 安住此法

즉 득 구 족 여 래 무 상 대 지 바 라 밀
하면 則得具足如來無上大智波羅蜜이니라

　서원 바라밀다니 보현의 여러 가지 큰 서원을 만족
하는 연고며, 신통 바라밀다니 온갖 자유자재한 작용을
나타내는 연고며, 법 바라밀다니 모든 부처님 법에 두
루 들어가는 연고라, 이것이 열이니라. 만일 보살들이
이 법에 편안히 머물면 여래의 위없는 큰 지혜 바라밀
다를 구족하게 되느니라."

　여기에서의 열 가지 바라밀다는 보시, 지계, 인욕, 정진,
선정, 반야, 지혜, 원願, 신통, 법法이다. 다른 곳에서 끝의 네
가지가 방편, 원願, 역力, 지智인 것과는 조금 다르다.

2〉보살은 열 가지 지혜가 따라 깨달음이 있다

불자야　보살마하살이　유십종지수각이니　하등이
佛子야 菩薩摩訶薩이 有十種智隨覺이니 何等이

위십고　소위일체세계무량차별을　지수각과　일체
爲十고 所謂一切世界無量差別을 智隨覺과 一切

중생계불가사의를　지수각과　일체제법의　일입종
衆生界不可思議를 智隨覺과 一切諸法의 一入種

종하고　종종입일을　지수각과
種하고 種種入一을 智隨覺과

"불자여, 보살마하살은 열 가지 지혜가 따라 깨달음
이 있으니 무엇이 열인가. 이른바 모든 세계의 한량없
이 차별한 것을 지혜가 따라 깨달음이며, 일체 중생계
의 불가사의한 것을 지혜가 따라 깨달음이며, 일체 모
든 법이 하나가 가지가지에 들어가고 가지가지가 하나
에 들어가는 것을 지혜가 따라 깨달음이니라."

지혜가 따라 깨닫는다[智隨覺]는 것은 보살이 어떤 사실과
이치를 지혜로 철저히 깨달아 그것과 하나가 된다는 것이
다. 모든 세계의 한량없이 차별한 것과 일체 중생계의 불가
사의한 것에 보살의 지혜가 하나가 되고, 또 일체 모든 법이

하나가 가지가지에 들어가고 가지가지가 하나에 들어가는 것에 지혜가 따라 깨달아 하나가 된다는 것이다.

일 체 법 계 광 대　　지 수 각　　일 체 허 공 계 구 경
一切法界廣大를 智隨覺과 一切虛空界究竟을

지 수 각　　일 체 세 계　　입 과 거 세　　지 수 각　　일 체
智隨覺과 一切世界가 入過去世를 智隨覺과 一切

세 계　　입 미 래 세　　지 수 각
世界가 入未來世를 智隨覺과

"온갖 법계의 광대한 것을 지혜가 따라 깨달음이며, 모든 허공계의 끝닿는 데를 지혜가 따라 깨달음이며, 모든 세계가 과거 세상에 들어감을 지혜가 따라 깨달음이며, 모든 세계가 미래 세상에 들어감을 지혜가 따라 깨달음이니라."

일 체 세 계　　입 현 재 세　　지 수 각　　일 체 여 래
一切世界가 入現在世를 智隨覺과 一切如來의

무량행원　　개어일지　　이득원만　　지수각　　삼
無量行願을 **皆於一智**에 **而得圓滿**을 **智隨覺**과 **三**

세제불　　개동일행　　　이득출리　　지수각　　시
世諸佛이 **皆同一行**으로 **而得出離**를 **智隨覺**이 **是**

위십
爲十이니

"모든 세계가 현재 세상에 들어감을 지혜가 따라 깨
달음이며, 모든 여래의 한량없는 행과 원을 한 지혜에
원만함을 지혜가 따라 깨달음이며, 세 세상 부처님들이
같은 행으로 벗어남을 얻음을 지혜가 따라 깨달음이니,
이것이 열이니라."

약 제보살　　안주차법　　　즉득일체법자재광
若諸菩薩이 **安住此法**하면 **則得一切法自在光**

명　　소원개만　　　어일념경　　실능해료일체불
明하야 **所願皆滿**하야 **於一念頃**에 **悉能解了一切佛**

법　　성등정각
法하야 **成等正覺**이니라

"만일 모든 보살이 이 법에 편안히 머물면 모든 법

의 자재한 광명을 얻고 소원이 다 만족하여 잠깐 동안
에 모든 불법을 다 이해하고 정등각을 이루느니라."

보살의 지혜가 어떤 사실과 이치를 따라 깨닫는다는 것
은 모든 법의 자재한 광명을 얻어서 소원이 다 만족한 경지
이며, 잠깐 동안에 모든 불법을 다 이해하여 부처님이 이루
신 정등각을 함께 이루는 경지이다.

(4) 생귀주生貴住를 답하다

1〉 보살은 열 가지 증득하여 앎이 있다

불 자   보 살 마 하 살   유 십 종 증 지   하 등
佛子야 菩薩摩訶薩이 有十種證知하니 何等이

위 십   소 위 지 일 체 법 일 상   지 일 체 법 무 량 상
爲十고 所謂知一切法一相하며 知一切法無量相

        지 일 체 법 재 일 념
하며 知一切法在一念하며

"불자여, 보살마하살은 열 가지 증득하여 앎이 있으
니 무엇이 열인가. 이른바 모든 법이 한 모양임을 알며,

모든 법이 한량없는 모양임을 알며, 모든 법이 한 생각
에 있음을 아느니라."

생귀주生貴住는 존귀한 종성에 태어난다는 뜻으로 여래의
종성에 들어가는 지위이다. 이 지위에서 보살이 증득하여 아
는 열 가지를 밝혔다. 보살은 일체 법은 그 근본이 하나의
모양이면서 또한 한량없는 모양이라는 사실을 안다. 또 일
체 법은 한 생각에 있음을 안다.

지 일 체 중 생　　심 행 무 애　　지 일 체 중 생　　제
知一切衆生의 心行無礙하며 知一切衆生의 諸

근 평 등　　지 일 체 중 생　　번 뇌 습 기 행　　지 일 체
根平等하며 知一切衆生의 煩惱習氣行하며 知一切

중 생　　심 사 행　　지 일 체 중 생　　선 불 선 행
衆生의 心使行하며 知一切衆生의 善不善行하며

"일체 중생의 마음의 행이 걸림이 없음을 알며, 일체
중생의 모든 근기가 평등함을 알며, 일체 중생의 번뇌와
습기의 행을 알며, 일체 중생의 마음이 하는 바의 행을

알며, 일체 중생의 착하고 착하지 못한 행을 아느니라."

이 지위의 보살은 일체 중생의 마음의 행과 모든 근기의 평등함과 번뇌 습기와 마음이 하는 바의 행과 착하고 착하지 못한 행을 다 증득하여 안다.

지 일 체 보 살　　원 행 자 재　　주 지 변 화　　지 일
知一切菩薩의 願行自在하야 住持變化하며 知一

체 여 래　　구 족 십 력　　성 등 정 각　　시 위 십　　약
切如來의 具足十力하야 成等正覺이 是爲十이니 若

제 보 살　　안 주 차 법　　즉 득 일 체 법 선 교 방 편
諸菩薩이 安住此法하면 則得一切法善巧方便이니라

"모든 보살의 원과 행이 자재하게 머물러 가지며 변화함을 알며, 모든 여래가 열 가지 힘을 구족하고 정등각을 이룸을 아나니, 이것이 열이니라. 만일 모든 보살이 이 법에 편안히 머물면 모든 법의 교묘한 방편을 얻느니라."

또 모든 보살의 원과 행이 자재하게 머물러 가지며 변화함과 모든 여래가 열 가지 힘을 구족하고 정등각을 이룸까지를 다 증득하여 안다.

(5) 구족방편주具足方便住를 답하다

1〉보살은 열 가지 힘이 있다

불자 보살마하살 유십종력   하등   위
佛子야 **菩薩摩訶薩**이 **有十種力**하니 **何等**이 **爲**

십 소위입일체법자성력 입일체법여화력
十고 **所謂入一切法自性力**과 **入一切法如化力**과

입일체법여환력 입일체법개시불법력
入一切法如幻力과 **入一切法皆是佛法力**과

"불자여, 보살마하살은 열 가지 힘이 있으니 무엇이 열인가. 이른바 모든 법의 제 성품에 들어가는 힘과, 모든 법이 변화와 같은 데 들어가는 힘과, 모든 법이 환술과 같은 데 들어가는 힘과, 모든 법이 불법인 데 들어가는 힘이니라."

구족방편주具足方便住는 부처님과 같이 자리이타의 방편의 행을 갖추어 상모相貌가 결함缺陷이 없는 지위이다. 이 지위의 보살의 열 가지 힘을 밝혔다. 일체 법의 제 성품에 들어가는 힘이란 일체 법이 변화와 같고 환술과 같고 꿈과 같고 그러면서 일체 법이 모두 불법인 것에 들어가는 힘이다.

어 일 체 법　무 염 착 력　어 일 체 법　심 명 해 력
於一切法에 無染着力과 於一切法에 甚明解力과

어 일 체 선 지 식　항 불 사 리 존 중 심 력　영 일 체 선
於一切善知識에 恒不捨離尊重心力과 令一切善

근　　순 지 무 상 지 왕 력
根으로 順至無上智王力과

"모든 법에 물들지 않는 힘과, 모든 법을 매우 밝게 아는 힘과, 모든 선지식을 항상 떠나지 않고 존중하는 마음의 힘과, 모든 착한 뿌리로 가장 높은 지혜의 왕에 이르게 하는 힘이니라."

일체 법이 변화와 같고 환술과 같고 꿈과 같으므로 물들

어 집착함이 없다. 그것은 곧 힘이다. 이러한 법을 밝게 아는 것도 역시 힘이다. 모든 선지식을 항상 떠나지 않고 존중하는 마음도 큰 힘이다. 또 착한 뿌리를 심은 것이 궁극에는 가장 높은 지혜를 수순하여 이르게 하는 큰 힘이다.

어 일 체 불 법　심 신 불 방 력　영 일 체 지 심
於一切佛法에 **深信不謗力**과 **令一切智心**으로

불 퇴 선 교 력　시 위 십　약 제 보 살　안 주 차 법
不退善巧力이 **是爲十**이니 **若諸菩薩**이 **安住此法**

즉 구 여 래 무 상 제 력
하면 **則具如來無上諸力**이니라

"모든 불법을 깊이 믿고 비방하지 않는 힘과, 온갖 지혜의 마음이 물러나지 않게 하는 공교한 힘이니, 이것이 열이니라. 만일 모든 보살이 이 법에 편안히 머물면 여래의 위없는 여러 가지 힘을 갖추느니라."

보살은 또 일체 불법을 깊이 믿어 비방하지 않는 힘과 일체 지혜의 마음에서 물러나지 않는 힘을 가지고 있다.

(6) 정심주正心住를 답하다

1〉보살은 열 가지 평등함이 있다

불자   보살마하살   유십종평등   하등
佛子야 菩薩摩訶薩이 有十種平等하니 何等이

위십   소위어일체중생   평등   일체법   평
爲十고 所謂於一切衆生에 平等하며 一切法에 平

등   일체찰   평등   일체심심   평등   일
等하며 一切刹에 平等하며 一切深心에 平等하며 一

체선근   평등
切善根에 平等하며

"불자여, 보살마하살은 열 가지 평등함이 있으니 무
엇이 열인가. 이른바 일체 중생에 평등함과, 일체 법에
평등함과, 일체 세계에 평등함과, 일체 깊은 마음에 평
등함과, 일체 착한 뿌리에 평등함이니라."

일체보살   평등   일체원   평등   일체바
一切菩薩에 平等하며 一切願에 平等하며 一切波

라밀   평등   일체행   평등   일체불   평등
羅蜜에 平等하며 一切行에 平等하며 一切佛에 平等

이 **是爲十**이니 **若諸菩薩**이 **安住此法**하면 **則得一切**
^{시 위 십}

諸佛無上平等法이니라
^{제 불 무 상 평 등 법}

"일체 보살에 평등함과, 일체 원願에 평등함과, 일체 바라밀다에 평등함과, 일체 행에 평등함과, 일체 부처님에 평등함이니, 이것이 열이니라. 만일 모든 보살이 이 법에 편안히 머물면 일체 모든 부처님의 위없이 평등한 법을 얻느니라."

정심주正心住란 보살의 용모가 부처님과 같을 뿐만 아니라 마음도 똑같은 지위를 말한다. 이 지위의 보살에게는 열 가지 평등함과 열 가지 불법의 참된 이치의 글귀가 있다. 먼저 열 가지 평등함을 밝혔다.

2〉 보살은 열 가지 불법의 참된 이치의 글귀가 있다

佛子야 **菩薩摩訶薩**이 **有十種佛法實義句**하니
^{불 자　보 살 마 하 살　유 십 종 불 법 실 의 구}

하등   위십   소위일체법   단유명   일체법
何等이 爲十고 所謂一切法이 但有名이며 一切法

유여환   일체법   유여영   일체법   단연
이 猶如幻이며 一切法이 猶如影이며 一切法이 但緣

기   일체법   업청정
起며 一切法이 業淸淨이며

"불자여, 보살마하살은 열 가지 불법의 참된 이치의
글귀가 있으니 무엇이 열인가. 이른바 일체 법이 이름
만 있음과, 일체 법이 마치 환술과 같음과, 일체 법이
그림자와 같음과, 일체 법이 다만 인연으로 생김과, 일
체 법이 업이 청정함이니라."

일체법   단문자소작   일체법   실제   일
一切法이 但文字所作이며 一切法이 實際며 一

체법   무상   일체법   제일의   일체법   법계
切法이 無相이며 一切法이 第一義며 一切法이 法界

시위십   약제보살   안주차법   즉선입일
라 是爲十이니 若諸菩薩이 安住此法하면 則善入一

切智智無上眞實義니라

"일체 법이 다만 글자로만 지어짐과, 일체 법의 진실한 경계와, 일체 법이 모양이 없음과, 일체 법의 제일가는 뜻과, 일체 법의 법계이니, 이것이 열이니라. 만일 모든 보살이 이 법에 편안히 머물면 일체 지혜의 지혜인 위없이 진실한 이치에 들어가느니라."

불법의 참된 이치의 글귀란 어떤 것인가. 일체 법이 이름만 있음과 일체 법이 마치 환술과 같음과 일체 법이 그림자와 같음과 일체 법이 다만 인연으로 생김과 일체 법이 업이 텅 비어 청정함이다. 또 일체 법이 다만 글자로만 지어졌다는 사실이 진실한 경계며, 모양이 없으며, 제일가는 뜻이며, 일체 법의 법계이다.

(7) 불퇴주不退住를 답하다

1〉 보살은 열 가지 법을 말함이 있다

불자 보살마하살 설십종법 하등 위
佛子야 **菩薩摩訶薩**이 **說十種法**하나니 **何等**이 **爲**

십 소위설심심법 설광대법 설종종법
十고 **所謂說甚深法**하며 **說廣大法**하며 **說種種法**

설 일 체 지 법 설 수 순 바 라 밀 법 설 출 생
하며 **說一切智法**하며 **說隨順波羅蜜法**하며 **說出生**

여 래 력 법 설 삼 세 상 응 법
如來力法하며 **說三世相應法**하며

"불자여, 보살마하살은 열 가지 법을 말함이 있으니
무엇이 열인가. 이른바 매우 깊은 법을 말하고, 넓고 큰
법을 말하고, 갖가지 법을 말하고, 일체 지혜의 법을 말
하고, 바라밀다를 따르는 법을 말하고, 여래의 힘을 내는
법을 말하고, 세 세상과 서로 응하는 법을 말하느니라."

설 영 보 살 불 퇴 법 설 찬 탄 불 공 덕 법 설
說令菩薩不退法하며 **說讚歎佛功德法**하며 **說**

일체보살　　학일체불평등　　일체여래경계상
一切菩薩이 學一切佛平等하야 一切如來境界相

응법　　시위십　　약제보살　　안주차법　　즉득
應法이 是爲十이니 若諸菩薩이 安住此法하면 則得

여래무상교설법
如來無上巧說法이니라

"보살을 물러나지 않게 하는 법을 말하고, 부처님의
공덕을 찬탄하는 법을 말하고, 모든 보살이 일체 부처
님의 평등함을 배워서 모든 여래의 경계와 서로 응하는
법을 말하나니, 이것이 열이니라. 만일 모든 보살이 이
법에 편안히 머물면 여래의 위없이 공교하게 말하는 법
을 얻느니라."

불퇴주不退住란 보살의 몸과 마음이 한데 이루어 날마다
더욱 자라나고 물러서지 않는 지위이다. 이 지위의 보살은
열 가지 법을 말함이 있으며 열 가지 지님이 있다. 먼저 매우
깊은 법과 광대한 법과 가지가지 법과 일체 지혜의 법과 바
라밀다를 수순하는 법 등이 있다. 만일 이 법에 편안히 머물
면 여래의 위없이 공교하게 말하는 법을 얻는다.

2〉 보살은 열 가지 지님이 있다

불자_야 보살마하살_이 유십종지_{하니} 하등_이 위
佛子야 菩薩摩訶薩이 有十種持하니 何等이 爲

십_고 소위지소집일체복덕선근_{하며} 지일체여래
十고 所謂持所集一切福德善根하며 持一切如來

소설법_{하며} 지일체비유_{하며} 지일체법이취문_{하며}
所說法하며 持一切譬喩하며 持一切法理趣門하며

지일체출생다라니문_{하며} 지일체제의혹법_{하며}
持一切出生陀羅尼門하며 持一切除疑惑法하며

"불자여, 보살마하살은 열 가지 법을 지님이 있으니
무엇이 열인가. 이른바 모아 놓은 일체 복덕과 착한 뿌
리를 지니고, 일체 여래의 말씀한 법을 지니고, 일체 비
유를 지니고, 일체 법의 나아갈 문을 지니고, 일체 것을
내는 다라니문을 지니고, 일체 의혹을 없애는 법을 지
니느니라."

지성취일체보살법_{하며} 지일체여래소설평등
持成就一切菩薩法하며 持一切如來所說平等

^{삼매문} ^{지일체법조명문} ^{지일체제불신}
三昧門하며 持一切法照明門하며 持一切諸佛神

^{통유희력} ^{시위십} ^{약제보살} ^{안주차법}
通遊戱力이 是爲十이니 若諸菩薩이 安住此法하면

^{즉득여래무상대지주지력}
則得如來無上大智住持力이니라

"일체 보살을 성취하는 법을 지니고, 일체 여래가 말
씀한 평등한 삼매문을 지니고, 일체 법을 밝게 비추는
문을 지니고, 일체 모든 부처님의 신통으로 유희하는
힘을 지니나니, 이것이 열이니라. 만일 모든 보살이 이
법에 편안히 머물면 여래의 위없는 큰 지혜에 머물러
지니는 힘을 얻느니라."

보살은 일체 선법을 남김없이 다 지닌다. 그래서 일체 복
덕과 착한 뿌리를 지니고, 일체 여래의 말씀한 법을 지니고,
일체 비유를 지니고, 일체 법의 나아갈 문을 지니고, 일체 것
을 내는 다라니문을 지니고, 일체 의혹을 없애는 법 등을 다
지닌다.

(8) 동진주童眞住를 답하다

1〉보살은 열 가지 변재가 있다

불자 보살마하살 유십종변재   하등
佛子야 菩薩摩訶薩이 有十種辯才하니 何等이

위십 소위어일체법 무분별변재 어일체법
爲十고 所謂於一切法에 無分別辯才와 於一切法

무소작변재 어일체법 무소착변재 어일
에 無所作辯才와 於一切法에 無所着辯才와 於一

체법 요달공변재 어일체법 무의암변재
切法에 了達空辯才와 於一切法에 無疑暗辯才와

"불자여, 보살마하살은 열 가지 변재가 있으니 무엇
이 열인가. 이른바 일체 법에 분별이 없는 변재와, 일체
법에 지음이 없는 변재와, 일체 법에 집착이 없는 변재
와, 일체 법에 공한 줄을 아는 변재와, 일체 법에 의심
의 어두움이 없는 변재이니라."

어일체법 불가피변재 어일체법 자각오
於一切法에 佛加被辯才와 於一切法에 自覺悟

辯才와 於一切法에 文句差別善巧辯才와 於一切

法에 眞實說辯才와 隨一切衆生心하야 令歡喜辯

才가 是爲十이니 若諸菩薩이 安住此法하면 則得如

來無上巧妙辯才니라

"일체 법에 부처님이 가피하는 변재와, 일체 법에 스
스로 깨닫는 변재와, 일체 법에 글귀가 차별하고 교묘
한 변재와, 일체 법에 진실하게 말하는 변재와, 일체 중
생의 마음을 따라 환희케 하는 변재이니, 이것이 열이
니라. 만일 모든 보살이 이 법에 편안히 머물면 여래의
위없이 교묘한 변재를 얻느니라."

동진주童眞住란 그릇된 소견이 생기지 않고 보리심을 파
하지 않는 것이 마치 동자의 천진하여 애욕이 없는 것과 같
아서 부처님의 십신十身 영상靈相이 일시에 갖추어지는 지위이
다. 이 지위에 보살의 열 가지 변재가 있다.

2) 보살은 열 가지 자재가 있다

불자   보살마하살   유십종자재   하등
佛子야 菩薩摩訶薩이 有十種自在하니 何等이

위십   소위교화조복일체중생자재   보조일
爲十고 所謂敎化調伏一切衆生自在와 普照一

체법자재   수일체선근행자재   광대지자재
切法自在와 修一切善根行自在와 廣大智自在와

무소의계자재   일체선근회향보리자재
無所依戒自在와 一切善根廻向菩提自在와

"불자여, 보살마하살은 열 가지 자재가 있으니 무엇
이 열인가. 이른바 일체 중생을 교화하고 조복하는 자
재와, 일체 법을 두루 비추는 자재와, 일체 착한 뿌리의
행을 닦는 자재와, 넓고 큰 지혜의 자재와, 의지할 데
없는 계율의 자재와, 일체 착한 뿌리를 보리에 회향하
는 자재이니라."

정진불퇴전자재   지혜최파일체중마자재
精進不退轉自在와 智慧摧破一切衆魔自在

와 隨所樂欲하야 令發菩提心自在와 隨所應化하야

現成正覺自在가 是爲十이니 若諸菩薩이 安住此

法하면 則得如來無上大智自在니라

"정진하여 물러나지 않는 자재와, 지혜로 모든 마魔를 깨뜨리는 자재와, 좋아하는 욕망을 따라 보리심을 내게 하는 자재와, 응당 교화할 바를 따라 바른 깨달음을 이루는 자재이니, 이것이 열이니라. 만일 모든 보살이 이 법에 편안히 머물면 여래의 위없는 큰 지혜의 자재를 얻느니라."

동진주 지위의 보살에게는 또 열 가지 자재가 있다. 일체 중생을 교화하고 조복하는 자재와 일체 법을 두루 비추는 자재와 일체 착한 뿌리의 행을 닦는 자재와 넓고 큰 지혜의 자재 등이다.

(9) 법왕자주法王子住를 답하다

1〉 보살은 열 가지 집착 없음이 있다

불자　보살마하살　유십종무착　　하등
佛子야 菩薩摩訶薩이 有十種無着하니 何等이

위십　소위어일체세계　무착　　어일체중생
爲十고 所謂於一切世界에 無着하며 於一切衆生에

무착　　어일체법　무착　　어일체소작　무착
無着하며 於一切法에 無着하며 於一切所作에 無着

　　어일체선근　무착
하며 於一切善根에 無着하며

"불자여, 보살마하살은 열 가지 집착 없음이 있으니
무엇이 열인가. 이른바 일체 세계에 집착이 없고, 일체
중생에게 집착이 없고, 일체 법에 집착이 없고, 일체
짓는 일에 집착이 없고, 일체 착한 뿌리에 집착이 없느
니라."

어일체수생처　무착　　어일체원　무착
於一切受生處에 無着하며 於一切願에 無着하며

어 일 체 행　무 착　　어 일 체 보 살　무 착　　어
於一切行에 無着하며 於一切菩薩에 無着하며 於

일 체 불　무 착　시 위 십　　약 제 보 살　안 주 차 법
一切佛에 無着이 是爲十이니 若諸菩薩이 安住此法

　　즉 능 속 전 일 체 중 상　　득 무 상 청 정 지 혜
하면 則能速轉一切衆想하야 得無上淸淨智慧니라

"일체 태어나는 곳에 집착이 없고, 일체 소원에 집착이 없고, 일체 행에 집착이 없고, 일체 보살에 집착이 없고, 일체 부처님께 집착이 없나니, 이것이 열이니라. 만일 모든 보살이 이 법에 편안히 머물면 능히 일체 모든 생각을 빨리 전환하여 위없는 청정한 지혜를 얻느니라."

법왕자주法王子住란 부처님의 가르침을 따라 지혜智慧가 생겨서 다음 세상에 부처님의 지위를 이을 지위이다. 이 지위의 보살에게 먼저 열 가지 집착 없음이 있다. 일체 세계에 집착이 없고, 일체 중생에게 집착이 없고, 일체 법에 집착이 없는 것 등이다.

2) 보살은 열 가지 평등한 마음이 있다

불자   보살마하살   유십종평등심   하등
佛子야 菩薩摩訶薩이 有十種平等心하니 何等

위십   소위적집일체공덕평등심   발일체차
이 爲十고 所謂積集一切功德平等心과 發一切差

별원평등심   어일체중생신   평등심   어일체
別願平等心과 於一切衆生身에 平等心과 於一切

중생업보   평등심   어일체법   평등심
衆生業報에 平等心과 於一切法에 平等心과

"불자여, 보살마하살은 열 가지 평등한 마음이 있으
니 무엇이 열인가. 이른바 일체 공덕을 모으는 평등한
마음과, 일체 차별한 소원을 내는 평등한 마음과, 일체
중생의 몸에 평등한 마음과, 일체 중생의 업보에 평등
한 마음과, 일체 법에 평등한 마음이니라."

어일체정예국토   평등심   어일체중생해
於一切淨穢國土에 平等心과 於一切衆生解에

평등심   어일체행   무소분별평등심   어일체
平等心과 於一切行에 無所分別平等心과 於一切

불력무외 평등심 어일체여래지혜 평등심
佛力無畏에 平等心과 於一切如來智慧에 平等心

시위십 약제보살 안주기중 즉득여래
이 是爲十이니 若諸菩薩이 安住其中하면 則得如來

무상대평등심
無上大平等心이니라

"일체 깨끗하고 더러운 국토에 평등한 마음과, 일체 중생의 알음알이에 평등한 마음과, 일체 행에 분별할 것 없는 평등한 마음과, 일체 부처님의 힘과 두려움 없는 데 평등한 마음과, 일체 여래의 지혜에 평등한 마음이니, 이것이 열이니라. 만일 모든 보살이 그 가운데 편안히 머물면 여래의 위없이 크게 평등한 마음을 얻느니라."

법왕자주 지위의 보살에게는 또 열 가지 평등한 마음이 있음을 밝혔다. 일체 공덕을 모으는 평등한 마음과, 일체 차별한 소원을 내는 평등한 마음과, 일체 중생의 몸에 평등한 마음과, 일체 중생의 업보에 평등한 마음 등이다.

(10) 관정주灌頂住를 답하다

1〉보살은 열 가지 출생하는 지혜가 있다

불자   보살마하살   유십종출생지혜   하
佛子야 菩薩摩訶薩이 有十種出生智慧하니 何

등   위십   소위지일체중생해출생지혜   지일
等이 爲十고 所謂知一切衆生解出生智慧와 知一

체불찰종종차별출생지혜   지시방망분제출생
切佛刹種種差別出生智慧와 知十方網分齊出生

지혜
智慧와

"불자여, 보살마하살은 열 가지 출생하는 지혜[出生智
慧]가 있으니 무엇이 열인가. 이른바 일체 중생의 이해
[解]를 알고 출생하는 지혜와, 일체 부처님 세계의 갖가
지 차별을 알고 출생하는 지혜와, 시방 그물의 한계를
알고 출생하는 지혜이니라."

지 복 앙 등 일 체 세 계 출 생 지 혜   지 일 체 법 일
知覆仰等一切世界出生智慧와 知一切法一

성종종성광대성출생지혜   지일체종종신출
性種種性廣大性出生智慧와 知一切種種身出

생 지 혜   지 일 체 세 간 전 도 망 상   실 무 소 착 출
生智慧와 知一切世間顚倒妄想에 悉無所着出

생 지 혜
生智慧와

"엎어지고 잦혀진 등의 일체 세계를 알고 출생하는
지혜와, 일체 법의 한 성품과 갖가지 성품과 광대한 성
품을 알고 출생하는 지혜와, 일체 갖가지 몸을 알고 출
생하는 지혜와, 일체 세간의 뒤바뀌고 허망한 생각에
모두 집착한 데 없음을 알고 출생하는 지혜이니라."

지 일 체 법   구 경 개 이 일 도 출 리 출 생 지 혜   지
知一切法이 究竟皆以一道出離出生智慧와 知

여 래 신 력   능 입 일 체 법 계 출 생 지 혜   지 삼 세
如來神力이 能入一切法界出生智慧와 知三世

일 체 중 생   불 종 부 단 출 생 지 혜   시 위 십   약
一切衆生의 佛種不斷出生智慧가 是爲十이니 若

제 보 살　안 주 차 법　　즉 어 제 법　무 불 요 달
諸菩薩이 **安住此法**하면 **則於諸法**에 **無不了達**이니라

　　"일체 법이 구경에는 다 한 길로 벗어남을 알고 출
생하는 지혜와, 여래의 신통한 힘이 일체 법계에 능히
들어감을 알고 출생하는 지혜와, 세 세상 일체 중생이
부처님의 종자를 끊지 않음을 알고 출생하는 지혜이니,
이것이 열이니라. 만일 모든 보살이 이 법에 편안히 머
물면 모든 법에 통달하지 못함이 없느니라."

　　관정주灌頂住는 보살이 이미 불자가 되어 부처님의 사업을
감당할 만하므로 부처님이 지혜의 물로써 정수리에 붓는 것
이 마치 인도에서 왕자王子가 자라면 국왕이 손수 바닷물을
정수리에 부어 국왕이 되게 하는 것과 같으므로 정수리에 물
을 붓는 지위[灌頂住]라고 부른다. 이 지위의 보살은 열 가지
출생하는 지혜가 있다. 일체 중생의 이해[解]를 알고 출생하
는 지혜와, 일체 부처님 세계의 갖가지 차별을 알고 출생하
는 지혜와, 시방 그물의 한계를 알고 출생하는 지혜 등이다.

2〉 보살은 열 가지 변화가 있다

불자   보살마하살   유십종변화   하등
佛子야 菩薩摩訶薩이 有十種變化하니 何等이

위십   소위일체중생변화   일체신변화   일체
爲十고 所謂一切衆生變化와 一切身變化와 一切

찰변화   일체 공양변화   일체음성변화
刹變化와 一切供養變化와 一切音聲變化와

"불자여, 보살마하살은 열 가지 변화가 있으니 무엇
이 열인가. 이른바 일체 중생의 변화와, 일체 몸의 변화
와, 일체 세계의 변화와, 일체 공양의 변화와, 일체 음
성의 변화이니라."

일체 행 원변화   일체교화조복중생변화
一切行願變化와 一切教化調伏衆生變化와

일체 성 정 각 변 화   일 체 설 법 변 화   일 체 가 지
一切成正覺變化와 一切說法變化와 一切加持

변화   시위십   약제보살   안주차법   즉득
變化가 是爲十이니 若諸菩薩이 安住此法하면 則得

구 족 일 체 무 상 변 화 법
具足一切無上變化法이니라

"일체 행과 원의 변화와, 중생을 교화하고 조복하는 모든 변화와, 일체 바른 깨달음을 이루는 변화와, 일체 법을 말하는 변화와, 일체 가지加持하는 변화이니, 이것이 열이니라. 만일 모든 보살이 이 법에 편안히 머물면 온갖 위없이 변화하는 법을 구족하게 되느니라."

또 이 지위의 보살에게는 열 가지 변화가 있다. 일체 중생의 변화와 일체 몸의 변화와 일체 세계의 변화와 일체 공양의 변화 등이다.

여기까지가 십주위十住位의 20문을 답한 내용이라고 고인古人들은 과판科判하였다. 그러나 그 내용들이 반드시 십주위에만 해당되는 것은 아니기 때문에 그 과판을 반드시 의지해서 해석할 것은 아닌 것 같다. 왜냐하면 다음 십행十行의 30문을 답한 내용이 54권에서 시작하지 않고 53권 끝에서 시작하는 것을 살펴보면 약간의 의문이 가기 때문이다. 그래서 경문의 내용과는 관계없이 경문의 양에 의해서 80권으로 나눈 것을 따른다.

3) 십행十行의 30문을 답하다

(1) 환희행歡喜行을 답하다

1〉 보살은 열 가지 힘으로 유지함이 있다

불자   보살마하살   유십종력지   하등
佛子야 菩薩摩訶薩이 有十種力持하니 何等이

위십   소위불력지   법력지   중생력지   업력
爲十고 所謂佛力持와 法力持와 衆生力持와 業力

지   행력지
持와 行力持와

"불자여, 보살마하살은 열 가지 힘으로 유지함이 있
으니 무엇이 열인가. 이른바 부처님의 힘으로 유지하며,
법의 힘으로 유지하며, 중생의 힘으로 유지하며, 업業의
힘으로 유지하며, 행行의 힘으로 유지하느니라."

원력지   경계력지   시력지   선력지   지력
願力持와 境界力持와 時力持와 善力持와 智力

지   시위십   약제보살   안주차법   즉어일
持가 是爲十이니 若諸菩薩이 安住此法하면 則於一

체 법　　득 무 상 자 재 력 지
切法에 **得無上自在力持**니라

"서원誓願의 힘으로 유지하며, 경계의 힘으로 유지하며, 시간의 힘으로 유지하며, 착한 힘으로 유지하며, 지혜의 힘으로 유지함이니, 이것이 열이니라. 만일 모든 보살이 이 법에 편안히 머물면 곧 온갖 법에 위없는 자재한 힘으로 유지함을 얻느니라."

이제 십행十行의 30문을 답한다. 첫째 환희행에서 열 가지 힘으로 유지함을 들었다. 부처님의 힘으로 유지하며, 법의 힘으로 유지하며, 중생의 힘으로 유지하며, 업業의 힘으로 유지하며, 행의 힘으로 유지하며, 서원의 힘으로 유지하며, 경계의 힘으로 유지하며, 시간의 힘으로 유지하며, 착한 힘으로 유지하며, 지혜의 힘으로 유지하는 것 등이다.

이세간품 1 끝

〈제53권 끝〉

華嚴經 構成表

分次	周次	內容	品數	會次
舉果勸樂生信分 (信)	所信因果周	如來依正	世主妙嚴品 第一 如來現相品 第二 普賢三昧品 第三 世界成就品 第四 華藏世界品 第五 毘盧遮那品 第六	初會
修因契果生解分 (解)	差別因果周	差別因 十信	如來名號品 第七 四聖諦品 第八 光明覺品 第九 菩薩問明品 第十 淨行品 第十一 賢首品 第十二	二會
		差別因 十住	昇須彌山頂品 第十三 須彌頂上偈讚品 第十四 十住品 第十五 梵行品 第十六 初發心功德品 第十七 明法品 第十八	三會
		差別因 十行	昇夜摩天宮品 第十九 夜摩天宮偈讚品 第二十 十行品 第二十一 十無盡藏品 第二十二	四會
		差別因 十迴向	昇兜率天宮品 第二十三 兜率宮中偈讚品 第二十四 十迴向品 第二十五	五會
		差別因 十地	十地品 第二十六	六會
		差別因 等覺	十定品 第二十七 十通品 第二十八 十忍品 第二十九 阿僧祇品 第三十 如來壽量品 第三十一 菩薩住處品 第三十二	七會
		差別果 妙覺	佛不思議法品 第三十三 如來十身相海品 第三十四 如來隨好光明功德品 第三十五	
	平等因果周 平等因		普賢行品 第三十六	
	平等果		如來出現品 第三十七	
托法進修成行分 (行)	成行因果周	二千行門	離世間品 第三十八	八會
依人證入成德分 (證)	證入因果周	證果法門	入法界品 第三十九	九會

(資料：文殊經典研究會)

會場	放光別	會主	入定別	說法別舉
菩提場	遮那放齒光眉間光	普賢菩薩爲會主	入毘盧藏身三昧	如來依正法
普光明殿	世尊放兩足輪光	文殊菩薩爲會主	此會不入定． 信未入位故	十信法
忉利天宮	世尊放兩足指光	法慧菩薩爲會主	入無量方便三昧	十住法門
夜摩天宮	如來放兩足趺光	功德林菩薩爲會主	入菩薩善思惟三昧	十行法門
兜率天宮	如來放兩膝輪光	金剛幢菩薩爲會主	入菩薩智光三昧	十廻向法門
他化天宮	如來放眉間毫相光	金剛藏菩薩爲會主	入菩薩大智慧光明三昧	十地法門
再會普光明殿	如來放眉間口光	如來爲會主	入刹那際三昧	等妙覺法門
三會普光明殿	此會佛不放光． 表行依解法依解光故	普賢菩薩爲會主	入佛華莊嚴三昧	二千行門
祇陀園林	放眉間白毫光	如來善友爲會主	入獅子頻申三昧	果法門

如天 無比

1943년 영덕에서 출생하였다. 1958년 출가하여 덕흥사, 불국사, 범어사를 거쳐 1964년 해인사 강원을 졸업하고 동국역경연수원에서 수학하였다. 10여 년 선원생활을 하고 1976년 탄허스님에게 화엄경을 수학하고 전법, 이후 통도사 강주, 범어사 강주, 은해사 승가대학원장, 대한불교조계종 교육원장, 동국역경원장, 동화사 한문불전승가대학원장 등을 역임하였다.

현재 부산 문수선원 문수경전연구회에서 150여 명의 스님과 250여 명의 재가 신도들에게 화엄경을 강의하고 있다. 또한 다음 카페 '염화실'(http://cafe.daum.net/yumhwasil)을 통해 '모든 사람을 부처님으로 받들어 섬김으로써 이 땅에 평화와 행복을 가져오게 한다.'는 인불사상(人佛思想)을 펼치고 있다.

저서로『법화경 법문』,『신금강경 강의』,『직지 강설』(전 2권),『법화경 강의』(전 2권),『신심명 강의』,『임제록 강설』, 『대승찬 강설』,『유마경 강설』,『당신은 부처님』,『사람이 부처님이다』,『이것이 간화선이다』,『무비 스님과 함께하는 불교공부』,『무비 스님의 증도가 강의』,『일곱 번의 작별인사』, 무비 스님이 가려 뽑은 명구 100선 시리즈(전 4권) 등이 있고 편찬하고 번역한 책으로『화엄경(한글)』(전 10권),『화엄경(한문)』(전 4권),『금강경 오가해』등이 있다.

대방광불화엄경 강설 제53권

| 초판 1쇄 발행_ 2017년 2월 2일
| 초판 2쇄 발행_ 2018년 6월 21일

| 지은이_ 여천 무비(如天 無比)
| 펴낸이_ 오세룡
| 편집_ 박성화 손미숙 정선경 이연희
| 기획_ 최은영
| 디자인_ 고혜정 김효선 장혜정
| 홍보 마케팅_ 이주하
| 펴낸곳_ 담앤북스
　　　　　서울특별시 종로구 사직로8길 34 (내수동) 경희궁의 아침 3단지 926호
　　　　　대표전화 02)765-1251 전송 02)764-1251 전자우편 damnbooks@hanmail.net
　　　　　출판등록 제300-2011-115호
| ISBN　979-11-87362-68-5　04220

정가 14,000원